Herderbücherei

Band 8830

Über das Buch

Viele sind ihnen schon begegnet: zwei Missionare, adrett im dunkelblauen Anzug und mit gepflegtem Haarschnitt, meist junge Amerikaner, die höflich, aber beharrlich den „Propheten" Joseph Smith und das „Buch Mormon" als unentbehrlichen Zugang zum Verständnis von Bibel und Christentum anbieten – „Mormonen", oder, so der vollständige Name, „Kirche Jesu Christi der Heiligen der Letzten Tage". Sind die Mormonen wirklich eine christliche Kirche oder ganz wesentlich durch neue „Offenbarungen" geprägt? Was ist das Buch Mormon? Was ist der Tempelkult? Der anerkannte Fachmann Rüdiger Hauth informiert über Geschichte, Lehre, Organisationen der Mormonen und gibt Rat für den Umgang mit ihnen sowie Hilfen zur Meinungsbildung über diese weltweit erfolgreich missionierende Gemeinschaft.

Der Autor

Rüdiger Hauth, geboren 1940, Studium der Theologie und Publizistik; Vikariat u. a. im Selly Oak College Birmingham/England und in Bochum; Promotion im Fach Religionswissenschaft an der Universität Aarhus/Dänemark. Seit 1971 Beauftragter für Sekten und Weltanschauungsfragen der westfälischen Landeskirche; in dieser Eigenschaft Reisen in den Fernen Osten, nach Indien, Südamerika und in die USA.

Rüdiger Hauth

Die Mormonen

Geheimreligion oder christliche Kirche?

Ein Ratgeber

Herder
Freiburg · Basel · Wien

Dieses Buch ist ein Beitrag der Herderbücherei zu der Themenreihe „Sekten, Sondergruppen und Weltanschauungen" – herausgegeben von Friederike Valentin und Hans Gasper.

Friederike Valentin, Dr. theol., Leiterin des Referats für Weltanschauungsfragen im Pastoralamt der Erzdiözese Wien.

Hans Gasper, Theologischer Grundsatzreferent bei der Deutschen Bischofskonferenz, Zentralstelle Pastoral, Bonn.

Beide sind u. a. Herausgeber des „Lexikon der Sekten, Sondergruppen und Weltanschauungen" (Herder-Spektrum, 4271), Freiburg 1994.

Originalausgabe

Satz: Fotosetzerei G. Scheydecker, Freiburg im Breisgau
Druck und Weiterverarbeitung:
Freiburger Graphische Betriebe 1995
ISBN 3-451-08830-4

Inhalt

Vorwort 7

Erster Teil: Der Mormonismus 9

Mormonen-Missionare unterwegs 9
Eine seltsame Geschichte 10
Goldene Platten und eine Wunderbrille 13
Das „Buch Mormon" 15
Die überbotene Bibel 18
Weitere „Heilige Schriften" 19
Religionsgründung und Zug nach dem Westen 25
Frauen und Nebenfrauen 28
„Die wiederhergestellte Kirche" 34
„Neue Offenbarungen" 40
Ein „vollmächtiges Priestertum" 46
Das mormonische „Evangelium" 49
Der „Plan der Erlösung" 51
Gott und Götter 56
Der mormonische Christus 59
Der Heilige Geist 62
Trinität 63
Organisation und Statistik 64
Mormonen in Deutschland 66
Mormonisches Leben – mormonischer Alltag 70
Der Mormonismus: Eine amerikanische Religion . . . 76

Zweiter Teil: Die geheimen Tempelrituale 87

Der Mormonen-Tempel: nach jüdischem Vorbild? . . . 87
Voraussetzungen und Vorbereitungen für den Tempelbesuch 92

Die Tempelkleidung 96
Die Rituale und ihre Bedeutung 100
Das Endowment 101
Erstes Erkennungszeichen des Aaronischen Priestertums 109
Die Zeremonie am Vorhang 113
Waschungen und Salbungen 117
Der „Neue Name" 121
Das Endowment-Drama und seine Personen 123
Die „Tokens" und der „Vorhang" – Endowment und Freimaurer 127
Die stellvertretende Taufe für Tote 136
Exkurs: Die „Genealogie" (Ahnenforschung) der Mormonen 148
Die „Siegelungen" 150
Die „Zweite Salbung" 155

Dritter Teil: Kritische Begegnung mit dem Mormonismus 161

Die „Wiederherstellung" 163
„Neuzeitliche Offenbarungen" 166
Das „Buch Mormon": Eine „Heilige Schrift" wie die Bibel? 169
Das mormonische Priestertum 175
Ist Gott nur ein „erhöhter Mensch"? 178
Die Tempelrituale: „Secret" oder „Sacred"? 181

Vierter Teil: Abschließende Bemerkungen 186

Vorwort

Wir leben in einer Zeit, die weltweit von einem überreichen religiösen Angebot geprägt ist. Auch in den deutschsprachigen Ländern gleicht die Szene (außerhalb der beiden großen Volkskirchen) einem bunten Teppich, zusammengestückelt aus zahllosen Sekten, Gemeinschaften, Bewegungen, Wohnzimmerkirchen, Ideologien und Weltanschauungen. Sie alle haben sich vorgenommen, den in religiöser Hinsicht oft verunsicherten Mit-Menschen ein jeweils exklusives Angebot zu machen, wie man denn nun den Sinn des Lebens erfahren, sich selbst verwirklichen, seine Probleme lösen oder ganz allgemein das ‚Heil' erlangen könne.

Nicht alle diese Sekten und Gruppen legen jedoch bereitwillig ihr Programm zur kritischen Prüfung vor; bei einigen läßt sich vielmehr ein starkes Gefälle zwischen ‚Drinnen' und ‚Draußen' beobachten. Das heißt, daß die so charakterisierten Gemeinschaften nach außen ein anderes Gesicht zeigen, als es von innen her wirklich aussieht; oder anders ausgedrückt: Es werden bei der Werbung in der Öffentlichkeit Aspekte aus dem inneren Bereich bewußt verschwiegen und verschleiert, oft auch irreführend und mißverständlich dargestellt, um mögliche Interessenten nicht gleich zu verschrecken oder gar abzustoßen.

Auf diesem Hintergrund ist auch der Mormonismus, die Religion der Mormonen zu sehen, die sich als ein recht schillerndes Gebilde entpuppt, sobald man die internen Strukturen und Praktiken kennenlernt, zu denen vor allem die geheimgehaltenen Tempelrituale gehören. (Die Rede ist in diesem Zusammenhang von den Utah-Mormonen, nicht von der kleineren Gruppe der Reorganisierten Mormonen, die keinen Tempelkult betreiben).

Nach einer Einführung in Geschichte, Wesen und Lehre des Mormonismus soll die ausführliche Darstellung des Tempelkultes, über den die Mormonen weder öffentlich noch privat sprechen dürfen, zur Klärung der Frage beitragen, ob es sich bei der „Kirche Jesu Christi der Heiligen der Letzten Tage" wirklich um eine „christliche Kirche" handelt oder doch um eine Art Geheimreligion, die nach außen hin nur den Eindruck des „Christlichen" erweckt. Die kritischen Anmerkungen und Stellungnahmen werden in diesen (zweiten) Teil gleich mit eingefügt. Der dritte Abschnitt des Buches behandelt noch kurz solche Punkte, über die eine öffentliche und kontroverse Auseinandersetzung mit den Mormonen möglich ist.

Rüdiger Hauth

Erster Teil
Der Mormonismus

Mormonen-Missionare unterwegs

Trotz seiner fast 2000jährigen christlichen Geschichte ist Europa heute von zahlreichen östlichen Religionen und westlichen Sekten erneut zum Missionsfeld erklärt worden. In den Fußgängerzonen unserer Städte begegnen uns häufig Vertreter der verschiedenen religiösen und pseudoreligiösen Bewegungen. An unsere Wohnungstüren kommen vor allem Zeugen Jehovas und Missionare der „Kirche Jesu Christi der Heiligen der Letzten Tage", die Mormonen. Von den traditionellen außerkirchlichen Gemeinschaften zeichnen sich diese beiden in besonderem Maße durch eine aktiv-missionarische Haltung aus.

Fast alle Mormonen-Missionare sind junge Amerikaner, die für einen 18-monatigen Missionseinsatz aus den Vereinigten Staaten zu uns gekommen sind. Ihr freundliches Lächeln und ihre Höflichkeit öffnen ihnen so manche Tür. Warum kommen diese jungen Männer (bisweilen auch junge Frauen) in unsere Häuser? Als Antwort auf diesbezügliche Fragen verweisen sie auf die „göttlichen Offenbarungen", die der Gründer des Mormonentums, Joseph Smith, um 1830 und in den Jahren danach empfangen habe und die in seinem Buch „Lehre und Bündnisse" (im folgenden: LuB) gesammelt sind. Dort läßt er zum Beispiel „Gott" folgendermaßen zu Wort kommen:

> „Wahrlich ich sage euch: Ich gebe euch dieses erste Gebot, in meinem Namen auszugehen, jeder von euch … Ihr sollt zu zweien in der Kraft meines Geistes ausgehen, in meinem Namen das Evangelium predigen. …"; – „Das Feld ist schon weiß zur Ernte; … Wer Glauben hat, den sollt ihr durch das Auflegen der Hände als Mitglied meiner Kirche bestätigen" (LuB 42,4.6 und 33,7.15).

Von klein auf wird jeder Mormone in dem Glauben bestärkt, Mitglied der „einzig wahren Kirche auf Erden" zu sein und das „einzig wahre Evangelium" zu besitzen, verbunden mit dem Wissen: „Gott" hat durch seinen „Propheten" Joseph Smith seine „Kirche" im vorigen Jahrhundert mit allen bis dahin verloren gewesenen Attributen wiederhergestellt.

Die Wichtigkeit dieser Überzeugung für die Mission betonte ein hoher Mormonenführer während einer Ansprache in Salt Lake City, der Hauptstadt des Mormonentums:

> „Dieses umfassende Missionswerk wird fortgesetzt, weil jene Leute, die als Missionare dienen und jene, die sie finanziell unterstützen, ein starkes Zeugnis im Herzen tragen, daß sie zur wahren Kirche des Herrn gehören, die 1830 auf Erden wiederhergestellt worden ist. Sie sind überzeugt davon, daß die Kirche Jesu Christi der Heiligen der Letzten Tage die einzige Kirche auf der Welt ist, die das heilige Priestertum Gottes, seine wahren Lehren und Verordnungen und die Macht hat, den Menschen in die himmlische Herrlichkeit zu bringen, damit er bei seinem Schöpfer wohnen kann. Und deshalb gehen sie auf Mission, damit andere Menschen das Evangelium empfangen und mit ihnen die gleiche Freude und dieselben Segnungen teilen können, die sie haben" (Der Stern, Februar 1973, S. 68).

So stehen sie dann an unseren Türen, die jungen Missionare, um ihr „Zeugnis zu geben" von der „einzig wahren Kirche". Wer sich auf ein Gespräche mit ihnen einläßt, erfährt zunächst nichts über mormonische Besonderheiten wie Tempelkult und Totentaufe, Fortschrittsideologie und Götterlehre. Erst bei weiteren Besuchen, falls diese zustande kommen, werden darüber Andeutungen gemacht.

Eine seltsame Geschichte

Oft beginnt ihr „Zeugnis" mit einem Bericht über „eine der wichtigsten und folgenschwersten Begebenheiten der Weltgeschichte":

„Gott, der Ewige Vater, und sein Sohn Jesus Christus erschienen Joseph Smith und gaben ihm Belehrungen und Anweisungen über die Aufrichtung des Reiches Gottes auf Erden in diesen letzten Tagen" (Le Grand Richards, Ein wunderbares und seltsames Werk, S. 15).

Dann wird dem Zuhörer eine wundersame Geschichte erzählt, die weitgehend märchenhafte Züge trägt und deshalb nicht mit den Maßstäben normaler Geschichtsschreibung zu messen ist. Es geht um Joseph Smith, den Begründer und ersten „Propheten" des Mormonentums, der als viertes Kind des Ehepaares Joseph und Lucy Smith am 23. Dezember 1805 in Sharon im amerikanischen Bundesstaat Vermont geboren wurde.

Da der Vater keinen festen Beruf hatte, wechselte die Familie häufig ihren Wohnort. 1815 zog sie nach Palmyra im Bundesstaat New York, und bald danach begann der junge Joseph von Visionen und Träumen zu erzählen, was kaum Aufsehen erregte, denn er wuchs in einer Familie auf, in der Aberglaube und religiöse Unruhe bestimmend waren. Von seiner Mutter Lucy schien er wohl auch die Neigung zur Irrationalität geerbt zu haben, die ihn von seinem 15. Lebensjahr an zum „Wahrsager" und „Schatzsucher" werden ließ. Mit Hilfe eines Kristalls versuchte er, „in der Erde verborgene Schätze" aufzuspüren, was ihm den Spitznamen „Peepstone Joe" (Guckstein-Joe) eintrug. 1826 mußte er sich wegen damit verbundener Betrügereien vor dem Gericht in Bainbridge/N. Y. verantworten und wurde schuldig gesprochen, wegen seines Alters aber nur zu einer kleinen Geldstrafe verurteilt.

Seine Jugend verlebte Joseph Smith in einer Zeit, als erweckliche Aufbrüche unter Presbyterianern, Methodisten und Baptisten ganze Städte und Grafschaften der Neuengland-Staaten in Bewegung versetzt haben sollen. Davon sei auch die Familie Smith nicht unberührt geblieben, deren religiöses Suchen und Fragen die Mormonen so schildern:

„Die Geistlichen der verschiedenen Glaubensgemeinschaften veranstalteten Erweckungsversammlungen und luden alle ein, sich den einzelnen Sekten anzuschließen. Die Mitglieder der Familie Smith sehnten sich danach, die wahre Kirche Gottes zu finden. ... Einige Familienmitglieder bevorzugten den einen Glauben und einige einen anderen. Joseph war besonders stark beunruhigt und verwirrt. Wie konnte denn ein vierzehnjähriger Knabe erfahren, welcher Kirche er sich anschließen sollte?" (Das sind die Mormonen, S. 13f).

So wurde die Frage nach der „wahren Kirche" von den Mormonen seither als Ausgangspunkt für das Entstehen ihrer Gemeinschaft verstanden. J. Smith in seiner Kurzbiographie:

„Inmitten dieses Wortkrieges und Getümmels der Meinungen sagte ich oft zu mir selbst: Was soll ich tun? Welche von all diesen Gemeinschaften hat Recht? Oder sind sie alle im Irrtum? Und wie kann ich es herausfinden?"

So liest man es in einem kleinen Heftchen mit dem Titel „Joseph Smith erzählt seine Geschichte" (S. 5).

Nachdem er im Frühjahr 1820 auf den Bibelvers Jakobus 1,5 gestoßen sei, habe Joseph beschlossen, in einem kleinen Wald zu Gott zu beten und ihn nach der richtigen Entscheidung zu fragen. Dort angekommen, sei er plötzlich von einer dunklen Macht ergriffen worden:

„... gerade in diesem Augenblick großer Angst sah ich unmittelbar über meinem Haupt eine Lichtsäule – heller als der Glanz der Sonne – allmählich auf mich herabkommen. ... Als das Licht auf mir ruhte, sah ich zwei Gestalten, deren Glanz und Herrlichkeit nicht zu beschreiben sind, über mir in der Luft stehen. Eine von ihnen sprach zu mir, mich beim Namen nennend, und sagte auf die andere deutend: ‚Dies ist mein geliebter Sohn, höre ihn!' Ich war hergekommen, weil ich wissen wollte, welche von all den Sekten die richtige sei. ... Mir wurde geantwortet, ich solle mich keiner anschließen, denn sie seien alle im Irrtum. Der zu mir Sprechende sagte, alle ihre Glaubensbekenntnisse seien ein Greuel in seinen Augen, und all ihre Lehrer seien verderbt. Nochmals verbot er mir, mich einer von ihnen anzuschließen. ... Als ich wieder zu mir kam, fand ich mich auf dem Rücken liegend und zum Himmel schauend. ..." (ebd., S. 6f).

Diese sog. „Erste Vision", von den Mormonen heute als „das größte Ereignis in der Geschichte der Menschheit seit der Auferstehung Jesu" eingestuft (Church News, 7. April 1990), wurde jedoch erst mehr als 20 Jahre nach dem Geschehen offiziell bekannt. Smith veröffentlichte sie 1842 in der von ihm herausgegebenen Zeitschrift „Times and Seasons" (Vol. 3, S. 728 und 748) in Form eines Fortsetzungsromans. Später wurde sie als „Heilige Schrift" Bestandteil des Buches „Die Köstliche Perle".

Anfang der 60er Jahre dieses Jahrhunderts stieß ein mormonischer Student der Brigham-Young-Universität/Provo in den „Church Archives" in Salt Lake City auf ein Dokument, das eine aus dem Jahre 1833 stammende und bis 1965 unveröffentlichte Fassung der „Ersten Vision" enthält. In diesem inzwischen von mormonischen Fachleuten als echt anerkannten Schriftstück ist keine Rede von Kirchen, deren Bekenntnisse vor Gott „ein Greuel" seien, sondern nur allgemein von Menschen, die Gottes Gebote nicht halten. Außerdem erwähnt J. Smith nur die Erscheinung „Jesu Christi", die er gehabt haben wollte, nicht jedoch diejenige „Gottes des Vaters".

Goldene Platten und eine Wunderbrille

Dreieinhalb Jahre nach der angeblichen Erscheinung der beiden göttlichen Personen soll sich wiederum ein Vertreter der himmlischen Welt gemeldet haben. Der „Leitfaden zur Belehrung von Familien", den viele Mormonen-Missionare bei ihrer Werbetätigkeit von Haus zu Haus benutzen, bringt die Geschichte in folgender Fassung:

> „Eines Nachts [21. September 1823] betete Joseph Smith sehr aufrichtig in seinem Zimmer. Zu seinem großen Erstaunen wurde das Zimmer von Licht erfüllt, bis es ‚heller als am Mittag' war. Plötzlich erschien ein Engel an seinem Bett. Er sagte ihm, er heiße Moroni und sei ein Prophet, der vor vierzehnhundert Jahren in Amerika gelebt habe. Moroni sagte, nicht weit von Joseph Smiths Haus sei in einem

Hügel ein Bericht verborgen, der auf goldene Platten geschrieben sei. Er erklärte, dieser Bericht sei von Propheten geschrieben worden, die vor langer Zeit in Amerika gelebt hätten. Er enthalte Aufzeichnungen über die Geschichte des Volkes, unter dem die Propheten gelebt hatten, und über die Offenbarungen, die sie vom Herrn erhalten hatten" (Einheitliches System = Belehrung von Familien, C-13).

Moroni führte Smith auf den in der Nähe der elterlichen Farm gelegenen „Hügel Cumorah" und zeigte ihm dort eine im Boden vergrabene Steinkiste, die eine ‚Prophetenbrille' und einige Goldplatten mit altertümlichen Schriftzeichen enthielt. Gleichzeitig gebot er dem jungen Mann, nichts zu berühren und über diesen Vorgang zu schweigen.

Genau vier Jahre später habe Smith von Moroni die gezeigten Gegenstände ausgehändigt bekommen mit dem Auftrag, die Schriftzeichen, ein „reformiertes Altägyptisch", zu „übersetzen". Der Text soll auf dünnen, 18 cm breiten und 20 cm langen Goldplatten eingraviert gewesen sein, die aufeinandergelegt ein etwa 15 cm dickes ‚Ringbuch' gebildet haben sollen.

Durch verschiedene Umstände kam er jedoch erst im Frühsommer 1828 dazu, 116 Seiten per Diktat fertigzustellen. Als diese Blätter von seinem Schreiber Martin Harris gestohlen wurden (dieser wollte bei einer erneuten ‚Bearbeitung' der Vorlage deren Echtheit überprüfen), sollten sie auf „göttliches" Geheiß hin jedoch nicht noch einmal „übersetzt" werden. Im April 1829 traf er den jungen Lehrer Oliver Cowdery, der von dieser Sache begeistert war und sich ihm als Schreiber zur Verfügung stellte, bis Smith das Werk im August 1829 abschloß.

Nicht nur die Art und Weise, wie Joseph Smith von den angeblichen Goldplatten Kenntnis erhielt, ist höchst wunderlich, sondern auch der Vorgang der Übersetzung. Da er aus einfachsten Verhältnissen stammte und der Umgang mit „reformierten altägyptischen Schriftzeichen" nicht zu seinem Alltag gehörte, mußte er sich dabei der aus zwei Kristallen bestehenden Wunderbrille bedienen, die er ja praktischerweise gleich zusammen mit den goldenen Platten in der Steinkiste vorgefunden hatte.

Bei der „Übersetzung“ soll er sich einen Hut mit der Wunderbrille darin vor sein Gesicht gezogen haben, um es gegen das Tageslicht abzuschirmen. In dem Hut strahlte sodann ein geheimnisvolles Licht auf, in dem nacheinander die Zeichen der Platten mit der jeweiligen englischen Bedeutung erschienen. J. Smith diktierte dem hinter einem Vorhang sitzenden Oliver Cowdery den englischen Text, und „so wurde das Buch Mormon durch die Gabe und die Kraft Gottes übersetzt und nicht durch irgendeine Kraft des Menschen“, wie David Whitmer, ein „Zeuge“ für das Buch Mormon, behauptete (An Address to All Believers, S. 17f).

Sofort nach Beendigung seines Auftrags mußte Smith die Brille und die Platten an Moroni zurückgeben, nachdem sie zwischenzeitlich von elf weiteren „Zeugen“ aus dem engeren Freundeskreis und der Familie Joseph Smith' gesehen und als „echt“ anerkannt worden waren. Im März 1830 wurde die „Übersetzung“ unter dem Titel „Das Buch Mormon“ in Palmyra/N.Y. veröffentlicht und in einer Auflage von 5000 Exemplaren gedruckt. Die Mormonen sehen in diesem Werk eine „neue Offenbarung Gottes“ und stellen es als „Heilige Schrift“ der Bibel an die Seite.

Das „Buch Mormon“

Seit 1937 wird in jedem Sommer am Fuße des Hügels Cumorah ein Schauspiel mit dem Titel „Amerikas Zeuge für Christus“ aufgeführt; es möchte dem Zuschauer etwas von der Entstehung und dem Inhalt des Buches Mormon künstlerisch nahebringen. In dem Freilicht-Stück geht es um eine Familie, die in Jerusalem lebte und diese Stadt um 600 v. Chr. verlassen hat.

Das Familienoberhaupt Lehi war ein gottesfürchtiger Mann, dem rechtzeitig mitgeteilt worden war, daß Jerusalem bald zerstört werden sollte. Es wurde ein Schiff gebaut, und dann segelte die Familie in Richtung Osten davon. Nach langer Seereise und vielen Strapazen erreichte sie die amerikanische Westküste. Die Nachfahren Lehis bildeten in der neuen Heimat Amerika zwei Stämme: die Nephiten und die Lamaniten. Nephi und Laman waren die Söhne des Lehi.

Die Nephiten fielen manchmal vom Glauben ab, kehrten aber immer wieder zu einem gottesfürchtigen Leben zurück. Unter den Lamaniten gab es auch ein paar gute Menschen, die meisten aber waren von brutaler Gesinnung und ungläubig. Als Strafe dafür bekamen sie eine dunkle Hautfarbe, was heute noch an ihren Nachfahren, den Indianern bzw. Indios zu sehen ist.

Die Nephiten entwickelten sich zu einem wohlhabenden Volk. Als kulturelles Erbe bewahrten sie die schriftlichen Aufzeichnungen über die Geschichte Israels und die Prophezeiungen des Alten Bundes auf, die damals bei der Fahrt über das Meer mitgenommen worden waren. Im Laufe der Zeit wurden diese Berichte ergänzt durch eigene Weissagungen und Chroniken über die verschiedenen Ereignisse auf dem amerikanischen Kontinent.

Obwohl die Verbindungen zur alten Heimat Israel längst nicht mehr bestanden, war unter den Bewohnern Amerikas die Hoffnung auf einen Messias noch genau so lebendig geblieben wie unter den Juden in Israel. So fanden sie es auch gar nicht überraschend, als Jesus Christus nach seiner Auferstehung bei ihnen in Amerika erschien.

Er verkündete nun den Nephiten das gleiche Evangelium wie den Menschen in Palästina. Dann gründete er seine Kirche und beauftragte Männer mit der Führung, die die gleichen Vollmachten hatten wie seine Jünger in Jerusalem. Am Anfang waren die Nephiten noch voller Begeisterung über das Evangelium, dann aber wurden sie immer gleichgültiger, je mehr ihr materieller Wohlstand wuchs. Propheten mußten ihre Stimme erheben, um das Volk zurechtzuweisen. Zu ihnen gehörte auch der Prophet Mormon, der einen Bericht über das Volk und seine Geschichte auf goldene Platten schreiben ließ, die er anschließend seinem Sohn Moroni übergab. Das geschah kurz bevor alle Nephiten von den bösen Lamaniten in einer Schlacht ausgerottet wurden. Diese Platten, die Moroni im Jahre 421 n. Chr. auf dem Hügel Cumorah eingrub, holte Joseph Smith 1823 wieder hervor. – Soweit der Inhalt des Schauspiels.

In der kritischen Literatur über den Mormonismus finden sich allerdings ganz andere Darstellungen darüber, wie das Buch Mormon entstanden sei. Fawn Brodie, eine mit der Materie bestens vertraute Ex-Mormonin, hält dieses Buch für ein typisches Produkt des 19. Jahrhunderts und Joseph Smith für den alleinigen Verfasser. Mit dem Buch Mormon sollte, ihrer Meinung nach, die viele damalige Zeitgenossen bewegende Frage nach der Herkunft der amerikanischen Indianer ausführlich beantwortet werden. Das von Ethan Smith 1823 veröffentlichte Werk mit dem Titel „View of the Hebrews – Or the Ten Tribes of Israel in America" sei neben der englischen Bibel (King James Version) für Joseph Smith wohl die wichtigste Quelle gewesen.

Die Ähnlichkeiten zwischen beiden Büchern sind denn auch sehr erstaunlich: Beide sprechen von alten ägyptischen Inschriften und von in der Erde versteckten Dokumenten; von der Sammlung Israels in den „letzten Tagen" und vom Entstehen einer großen Nation in Amerika, die Israel erretten würde; von einer alten amerikanischen Zivilisation auf dem amerikanischen Kontinent und vom Auftreten eines weißen Gottes in Amerika. Beide zitieren ausführlich aus biblischen Schriften. Zusammenfassend nennt Fawn Brodie das Buch Mormon eine „obskure Mischung aus Folklore, moralischen Plattheiten, Mystizismus und Millennialismus" (No Man Knows My History, S. 67).

Einer anderen Theorie zufolge soll auch das (verlorene) Manuskript eines ehemaligen Pfarrers der Presbyterianer namens Salomon Spaulding eine Rolle gespielt haben. Zwischen 1809 und 1816 verfaßte Spaulding einen Abenteuerroman, in dem es um einige Römer ging, die vor der christlichen Zeit nach Großbritannien segeln wollten, durch widrige Stürme aber nach Amerika abgetrieben wurden. Dieses Manuskript befindet sich heute im Oberlin College (Ohio) und hat keinen direkten Bezug zum Buch Mormon. Bei einer zweiten Fassung des Romans soll Spaulding jedoch die Idee gehabt haben, die Herkunft der amerikanischen Indianer vom Volke Israel herzuleiten. Er habe einen altertümlichen Stil verwendet und Namen erfunden, wie sie auch im Buch Mormon vorkommen. Diese zweite Romanfassung sei einem Verlag in Pittsburgh übergeben und später von Sidney Rigdon, dem Freund eines Verlagsangestellten, gestohlen worden. Als sich Joseph Smith und Sidney Rigdon kennenlernten, hätten Smith, Rigdon und Cowdery das Manuskript überarbeitet, das am Ende als Buch Mormon vorlag.

Die überbotene Bibel

Welche Merkwürdigkeiten und Umstände auch immer zur Existenz dieses umstrittenen Buches beigetragen haben mögen, heute wird es von mehr als acht Millionen Menschen in aller Welt als „Wort Gottes“ angesehen und ist Grundlage ihres Glaubens und ihrer Lebensgestaltung. Die Missionare an der Haustür haben zwar auch die Bibel in ihrer Aktentasche und benutzen sie als Einstieg zum Gespräch. Im persönlichen Frömmigkeitsvollzug hat jedoch das Buch Mormon eine größere Bedeutung für sie.

Die Bibel kommt bei den „Heiligen der Letzten Tage“ nicht ungeschoren davon. Man zweifelt ihre Originalität an, um sich auf diese Weise stärker von ihr distanzieren zu können. Im Buch Mormon (1. Nephi 13) wird wohl zugestanden, daß die Bibel einst vollkommen war, nachdem „die Apostel“ des ersten Jahrhunderts sie fertiggestellt hatten. Dann jedoch, so behauptet das Buch Mormon, fiel die Kirche vom Worte Gottes ab und entfernte „kostbare Teile“ aus der Bibel, wobei aber nirgends gesagt wird, um welche Teile es sich handelt. Die „abgefallene Kirche“ habe das getan, „um die rechten Wege des Herrn zu verdunkeln, damit sie die Augen der Menschenkinder verblenden und ihre Herzen verhärten könne" (ebd., Vers 27). Dadurch würden viele Menschen zum Straucheln gebracht, „so sehr, daß Satan große Macht über sie hat" (Vers 29).

Wenn die Mormonen in Artikel 8 des von Joseph Smith formulierten Glaubensbekenntnisses sagen:

> „Wir glauben an die Bibel als das Wort Gottes, soweit sie richtig übersetzt ist; wir glauben auch an das Buch Mormon als das Wort Gottes",

dann richtet sich ihr Verdacht einer falschen Übersetzung nur auf die Bibel, während beim Buch Mormon von vornherein alles in Ordnung scheint.

Weitere „Heilige Schriften"

Neben der Bibel und dem Buch Mormon erkennen die Mormonen noch zwei weitere Textsammlungen als „Heilige Schriften" an: (a) das Buch „Lehre und Bündnisse der Kirche Jesu Christi der Heiligen der Letzten Tage" (normalerweise nur „Lehre & Bündnisse" genannt) und (b) „Die Köstliche Perle".

(a) Das Buch *„Lehre & Bündnisse"* (Doctrine and Covenants) erschien 1835 als eine Zusammenstellung von 136 „Offenbarungen, die dem Propheten Joseph Smith übergeben wurden", wie es im Untertitel heißt. Es war seinerzeit die erweiterte Neuauflage des „Buches der Gebote" (Book of Commandments), das 1833 mit nur 65, angeblich zwischen Juli 1828 und September 1831 empfangenen „Offenbarungen" herausgekommen war.

Dem kritischen Leser der beiden Werke fallen allerdings eine ganze Reihe von gravierenden Unterschieden auf. Die Neuauflage enthält verschiedene „Offenbarungen", die ganz eindeutig hinzugefügt wurden, um bestimmte neue Lehren zu stützen, die der „Prophet" in sein Programm aufgenommen hatte. In einigen Abschnitten wurden Aussagen gestrichen, die späteren Lehren widersprochen hätten; und wieder andere Textstellen weisen Zusätze auf, die den betreffenden „Offenbarungen" eine gewisse Ursprünglichkeit geben sollten. Aus Platzgründen kann die genannte Manipulation jedoch nur an zwei Beispielen verdeutlicht werden:

* Im Zusammenhang einer die „Übersetzung" des Buches Mormon und der dazu verliehenen „Gabe" betreffenden „Offenbarung" war gemäß „Buch der Gebote" 4,2 im März 1829 von „Gott" festgestellt worden: „Er [Joseph Smith] hat keine Macht über sie [die Goldplatten] außer, daß ich sie ihm gewähre; und er hat eine Gabe, das Buch zu übersetzen; und ich habe ihm geboten, nach keiner anderen Gabe zu trachten, denn ich werde ihm keine andere Gabe gewähren." Mit dieser Einschränkung auf das Projekt „Buch Mormon" sollte zu jenem Zeitpunkt wohl die Einzigartigkeit und der göttliche Ursprung der Übersetzergabe betont werden. Damit wären jedoch zukünftige „Übersetzungen" weiterer geheimnisvoller Schriften (etwa „Buch Abraham" und andere) unmöglich gewesen. Nach der Behebung dieser Schwierigkeit liest sich die Textstelle deshalb heute so:

> „Du hast eine Gabe, die Platten zu übersetzen, und dies ist die erste Gabe, die ich dir verliehen habe. Ich habe dir geboten, nach keiner anderen zu trachten, bis mein Zweck in dieser Sache erreicht ist; denn ich werde dir keine andere verleihen, bis dies der Fall sein wird" (LuB 5,4).

* Im Hinblick auf die „Vollständigkeit des Evangeliums" im Buch Mormon und die geplante Gründung einer Religionsgemeinschaft hatte Smith dann im Juni 1829 folgende Verlautbarung in Form einer an ihn gerichteten „Offenbarung" herausgegeben:

> „Verlasse dich auf diese geschriebenen Dinge; denn darin ist alles niedergelegt, was meine Kirche, mein Evangelium und meinen Felsen betrifft. Wenn du also meine Kirche, mein Evangelium und meinen Felsen aufbauen wirst, werden die Pforten der Hölle dich nicht überwinden" (Buch der Gebote 15,3–4).

Daß sich die „geschriebenen Dinge" hier auf das Buch Mormon bezogen, wird von dem mormonischen Autor Sidney

Sperry ausdrücklich bestätigt (Doctrine & Covenants Compendium, 1960, S. 85).

Nun hatte Smith bei der Abfassung des Buches Mormon wohl noch nicht an spätere Organisations- und Verwaltungsstrukturen, Priesterämter, Tempelrituale und andere Sonderlehren gedacht. Als ihm dieses Problem bewußt wurde, änderte er die zitierte „Offenbarung", so daß weitere „göttliche Verlautbarungen" zu diesen Themen in Zukunft möglich wurden. In „Lehre & Bündnisse" erscheint deshalb der Text heute in dieser Fassung:

> „Verlasse dich auf die geschriebenen Dinge, denn darin ist alles niedergelegt, was die Gründung meiner Kirche, meines Evangeliums und meines Felsens betrifft. Wenn du also meine Kirche auf der Grundlage meines Evangeliums und meines Felsens aufbauen wirst ..." (LuB 18,3–5).

Das Buch „Lehre & Bündnisse" müßte eigentlich das ‚Buch der mormonischen Sonderlehren' heißen, da in ihm die wesentlichen und charakteristischen Aspekte des Mormonismus abgehandelt werden, u. a.: Aaronisches Priestertum; Melchizedekisches Priestertum; Gott und Götter; Drei Grade der Herrlichkeit; Prinzip der Vielehe; Wort der Weisheit; Vergöttlichung des Menschen; Totentaufe; Präexistenz der menschlichen Geister; Gesetz des immerwährenden Fortschritts; himmlische Ehe.

(b) „*Die Köstliche Perle*" (Pearl of Great Price) ist die kürzeste der „Heiligen Schriften" des Mormonismus und soll, dem Untertitel zufolge, „eine Auswahl aus den Offenbarungen, Übersetzungen und Schilderungen Joseph Smiths" darstellen. Sie umfaßt „Das Buch Moses", „Das Buch Abraham", Matthäus 24 in Smith'scher „inspirierter Übersetzung", den Bericht seiner „Ersten Vision" und die 13 mormonischen Glaubensartikel.

Die erste Ausgabe der „Köstlichen Perle" erschien 1851 in England, in Amerika erst 1878. Am 3. April 1976 entschied die „Generalkonferenz der Kirche Jesu Christi der Heiligen der Letzten Tage", Joseph Smiths „Vision vom celestialen Reich" (datiert 21. Januar 1836) und Joseph F. Smiths „Vision von der Erlösung der Verstorbenen" (datiert 3. Oktober 1918) als „Zusatz zur Köstlichen Perle" in dieses Büchlein aufzunehmen.

„Das Buch Moses" enthält in Kapitel 1 „Die Visionen Moses, wie sie Joseph Smith, dem Propheten, im Juni 1830 offenbart wurden" und in den Kapiteln 2 bis 8 „Die Schriften Moses", die der „Prophet" im folgenden Dezember auf die gleiche Art und Weise erhalten haben wollte. Diese acht Kapitel möchten nun, im Gegensatz zur Bibel, einen *ungekürzten* Bericht von der Schöpfung und den ersten Menschen bis zur Zeit Noahs anbieten; sie wurden zunächst zwischen August 1832 und Januar 1844 als Fortsetzungsroman in einer Mormonenzeitschrift abgedruckt.

In den fünf Kapiteln des „Buches Abraham" ist von Göttern die Rede, die die Erde aus vorgefundener Materie formten; von „Gott", der auf dem Planeten Kolob residiert; von der Präexistenz der Seelen; vom Priestertum, das Abraham innehatte, und von vielen anderen Dingen. Um dieses kleine Büchlein rankt sich nun eine recht abenteuerliche und für Mormonen höchst peinliche Geschichte, die etwas ausführlicher erzählt werden soll, um an einem konkreten Beispiel das Entstehen „Heiliger Schriften" des Mormonismus nachzuzeichnen.

Alles hatte damit begonnen, daß ein Mann namens Michael H. Chandler 1833 in den Besitz mehrerer ägyptischer Mumien gelangt war, in deren Bandagen er einige Papyri entdeckte und durch das Land zog, um sie für Geld sehen zu lassen. Am 3. Juli 1835 traf er mit J. Smith zusammen, der sofort sein starkes Interesse an einem Erwerb der Papyri bekundete. Chandler wollte diese jedoch nur zusammen mit den Mumien verkaufen. Schließlich übernahm Smith alle Gegenstände für 2400 Dollar, machte sich an die Untersuchung der Papyri und kam zu folgendem Ergebnis: „Ich begann, einige der Hieroglyphen zu übersetzen und fand zu unserer Freude heraus, daß eine der Papyrus-Rollen die Schriften Abrahams, eine andere diejenigen Josephs von Ägypten enthielt. ..." (History of the Church, Vol. 2, S. 236).

Anfang 1842 war die Übersetzung eines der Fragmente beendet und erschien als „Das Buch Abraham" in mehreren Folgen in der Schrift „Times and Seasons" in Nauvoo. Ein junger Holzschnitzer hatte von den Original-Illustrationen, die sich bei dem Text des Papyrus-Fragmentes befanden, noch drei Reproduktionen hergestellt, die der Übersetzung beigefügt und von Smith erklärt worden waren.

Nach dem Tode des „Propheten" gingen Mumien und Papyri zunächst in den Besitz seiner Witwe Emma und seiner Mutter Lucy über. Lange Zeit später war man der Meinung, daß alle aus Smiths Besitz stammenden Mumien und Dokumente durch ein Feuer vernichtet worden seien.

Ein großes Verdienst um die Aufhellung der Zusammenhänge zwischen den Papyrus-Fragmenten und der Smith'schen Übersetzung erwarb sich 1912 Franklin S. Spaulding, damals Episkopal-Bischof von Utah. In seinem Buch „Joseph Smith jr. als Übersetzer" waren namhafte Ägyptologen zu Wort gekommen, die vorher die Holzdrucke samt Inschriften genau untersucht und mit dem „Buch Abraham" verglichen hatten. Ihr Urteil war vernichtend. Von „Betrug" war die Rede; Smith habe die Göttin in einen König und Osiris in Abraham verwandelt; das „Buch Abraham" sei ein „reines Phantasieprodukt". „Joseph Smiths Deutung, daß es Teile einer einzigartigen Offenbarung Abrahams seien, zeigt sehr deutlich, daß er von der Bedeutung dieser Dokumente überhaupt keine Ahnung hatte und absolute Ignoranz im Hinblick auf die einfachsten Tatsachen ägyptischer Schriften und Zivilisation zeigte" (Spaulding, aaO., S. 26f). Die Verwirrung unter den gläubigen Mormonen war verständlich.

1966 entdeckte der Ägypter koptischen Glaubens Dr. Aziz S. Atiya, der in Salt Lake City als Professor für Orientalische Studien arbeitete, im New Yorker Metropolitan Museum in einem Karton einige Papyri, die er als diejenigen erkannte (er war mit den „Heiligen Schriften" des Mormonismus vertraut), die J. Smith als Vorlage für sein „Buch Abraham" gedient haben mußten. Nachdem die Utah-Mormonen gegenüber dem New Yorker Museum ihr Interesse an den Dokumenten geäußert hatten, wurden sie ihnen am 27. November 1967 im Rahmen einer kleinen Zeremonie ausgehändigt.

Die Freude einiger Mormonen darüber, daß nun anhand der Originaltexte Joseph Smiths ‚Übersetzungsgabe' bestätigt werden könnte, dauerte nicht sehr lange. 1968 kamen die beiden Ägyptologen der Universität Chicago, Prof. John A. Wilson und Prof. Klaus Baer, aufgrund eingehender Studien und vergleichender Untersuchungen zu dem Ergebnis, daß diese Papyrus-Fragmente dem „Propheten" als Grundlage für seine „Übersetzung" des „Buches Abraham" gedient hatten, aber der Inhalt des Büchleins und derjenige der Fragmente überhaupt nichts miteinander zu tun haben. Bei den Papyri handelt es sich um ein Begräbnisritual aus dem „Buch der Atemzüge" (Book of Breathings), das wiederum einen Ausschnitt aus dem umfangreichen „Totenbuch" (Book of the Dead) bildet. Prof. Baer legte folgende Übersetzung der Fragmente vor: „Osiris soll dem Großen Becken des Khons übergeben werden – und ebenso Osiris Hor, gerechtfertigt, geboren dem Tikhebyt, gerechtfertigt – nachdem seine Arme auf sein Herz und das Buch der Atemzüge, das innere und äußere Beschriftung trägt, in königliches Leinen gepackt und unter seinem linken Arm nahe des Herzens gelegt worden sind, soll der Rest der Bandagen über ihn gewickelt werden. Der Mann, für den dieses Buch abgeschrieben wurde, wird in Ewigkeit atmen, wie es die Seelen der Götter tun" (Dialogue, Herbst 1968, S. 119f).

Aus den 46 Hieroglyphen der Fragmente hatte der „Prophet" einen Text von 1.125 englischen Worten produziert, wobei allein das Bildzeichen für „Khons" (Mondgott) bei Smith vier Verse ergab. Ganz nebenbei hatte sich der „Prophet", wie schon beim Buch Mormon, auch hier als eifriger Abschreiber biblischer Texte bestätigt. Die Verse 9, 11, 14–16, 18, 19–23 und 25 des 2. Kapitels stimmen nämlich fast wörtlich mit 1 Mose/Genesis 12,1–13 überein.

In Vorahnung der zu erwartenden Peinlichkeiten hatte der Mormonen-Professor Dr. Hugh Nibley schon 1967 den gesamten Vorgang so kommentiert: „Diese Entdeckung ist für die mormonischen Gelehrten doch eine böse Überraschung" – „LDS scholars are caught flatfooted by this discovery" (Daily Universe, 1. Dez. 1967).

Religionsgründung und Zug nach dem Westen

Nach der „Übersetzung" des Buches Mormon standen die ersten 5000 Exemplare zur Verfügung. Es wurden mehrere „Taufen" vorgenommen, und nun schien auch die Zeit für die Gründung einer eigenen Religion gekommen. Aufgrund verschiedener „Offenbarungen" lag sogar das Datum fest: 6. April 1830.

An diesem Tage versammelten sich sechs Männer in Fayette/N.Y., verlasen die „offenbarten" Anweisungen Gottes über Aufbau und Organisation der neuen Gemeinschaft und unterschrieben die Gründungsurkunde der „Kirche Jesu Christi"; acht Jahre später erhielt sie durch eine neue „Offenbarung" noch den Zusatz „... der Heiligen der Letzten Tage". Joseph Smith selbst wurde „Seher, Übersetzer, Prophet und Apostel Jesu Christi, ein Ältester der Kirche durch den Willen Gottes" genannt (LuB 21,1). Seitdem trägt jeder Präsident der Mormonen-Gemeinschaft den Titel „Seher, Prophet und Offenbarer".

Vom Frühjahr 1831 an verlagerten sich die Aktivitäten der Mormonen in mehreren Etappen weiter nach Westen. Kirtland/Ohio war eine wichtige Station, wo 1836 nach dreijähriger Bauzeit ihr erster Tempel eingeweiht wurde. In Independence/Missouri steckte man nach einer entsprechenden „Offenbarung" (LuB 57) das Grundstück für das neue „Zion" ab, den „Ort, wo die reinen Herzens miteinander in Rechtschaffenheit wohnen".

Mit Hilfe der vielen „neuen Offenbarungen" ihres „Propheten" bildeten sich im Laufe der Zeit unter den „Heiligen" immer fremdartigere Lehren und Praktiken heraus, so daß diese Gemeinschaft von der kirchlich geprägten Umwelt bald nicht mehr akzeptiert werden konnte. Deshalb ist es kaum verwunderlich, daß die Geschichte der Mormonen bis zum Tode ihres Führers, aber auch später noch, von ständigen Unruhen und feindlichen Begegnungen mit Nicht-Mormonen und staatlichen Behörden gekennzeichnet war. Erstaunlich ist jedoch, daß sich in mormonischen Darstellungen keine Hinweise auf etwaiges Versagen der „Heiligen" selbst finden. Schuld an den Auseinandersetzungen trugen stets andere.

Besonders „Pöbel" und „Gesindel" – Lieblingsworte in diesem Zusammenhang – schienen es auf die „Heiligen" abgesehen zu haben. Als Grund dafür wird Neid auf die „fröhlichen und fleißigen Mormonen" vermutet, verbunden mit der „Hetze von Geistlichen" und scharfer Ablehnung der fremden Lebensart. So meint W. E. Berrett: „Die Tatsache, daß die Mormonen von dem kommunalen Leben eine ganz eigene Vorstellung hatten, weckte den Argwohn, später auch die tätliche Feindschaft der Umgebung, die miterleben konnte, wie sich die Mitgliederzahl der Kirche mit unglaublicher Schnelligkeit vervielfachte. Besonders aufgeregt waren die Geistlichen, die ihre eigene Herde dahinschwinden sahen, wenn sie in Scharen in die Mormonengemeinde zog oder gar am gleichen Ort eine neue Mormonengemeinde gründete. Das machte die Priester natürlich bitter, und sie betätigten sich bei den Feindseligkeiten gegen die neue Religion nicht selten als Drahtzieher" (William E. Berrett, Seine Kirche wiederhergestellt, S. 77 f).

Joseph Smith selbst mußte sich in Kirtland wegen Betruges vor Gericht verantworten. Mit Aktien der von ihm gegründeten „Kirtland Safety Society" hatte es hemmungslose Geld- und Bodenspekulationen gegeben, bis die bankähnliche Einrichtung infolge einer allgemeinen Inflation finanziell zusammenbrach. Das Verfahren gegen Smith wurde zwar eingestellt, die Kette der Anklagen gegen die Mormonen-Führer riß jedoch nicht ab.

Nach der Vertreibung der Mormonen aus dem Bundesstaat Missouri entwickelte sich Anfang der vierziger Jahre in Illinois ein neues Zentrum. Nördlich von Quincy am Missouri-Fluß hatte Joseph Smith mehrere hundert Hektar

Sumpfgelände erworben und es zusammen mit später nachfolgenden Familien urbar gemacht. Der Ort erhielt den Namen „Nauvoo", was „Schöne Stadt" bedeuten sollte. Aus dem amerikanischen Osten und aus England strömten ständig Neubekehrte in diese „Mormonenmetropole", die 1841 schon auf über 8000 Einwohner angewachsen war und zur wohlhabendsten Stadt in Illinois wurde. Hier konnte Smith sein Talent als „Stadtplaner" erproben; er wurde Bürgermeister, Befehlshaber einer kleinen Miliz und sogar Kandidat für das Präsidentenamt der USA. Dennoch waren ihm viele nicht wohlgesonnen, und besonders ehemalige Anhänger machten ihm das Leben schwer.

Dr. Robert Foster hatte Smith in der Zeitung „Nauvoo Expositor" sexuelle Freizügigkeit und andere Dinge vorgeworfen. Daraufhin gab Joseph Smith dem Polizeichef und einigen Männern den Befehl, in das Verlagshaus einzudringen und die Druckmaschinen zu zerstören. Foster bewirkte einen Haftbefehl gegen den „Propheten", der festgenommen und in das Gefängnis der Distriktshauptstadt Carthage eingeliefert wurde. In der Nacht des 27. Juni 1844 wurde das Gebäude von etwa 100 Männern mit geschwärzten Gesichtern gestürmt und Smith und sein Bruder Hyrum erschossen.

Die Verwirrung, die der Tod des Religionsgründers auslöste, war nicht gering. Es kam zu Nachfolgekämpfen, aus denen schließlich der ehemalige Zimmermann Brigham Young (1801–1877), Vorsitzender des „Apostelkollegiums", als Sieger hervorging.

Als im September 1845 von der alteingesessenen Bevölkerung der Abzug der Mormonen aus Illinois gefordert wurde, gab er dem Drängen nach und organisierte im Winter 1845/46 den großen Mormonen-Zug nach dem Westen. Die Bundesstaaten des mittleren Westens lehnten eine Aufnahme der Durchziehenden ab, und so fiel die Wahl der endgültigen Bleibe auf das unwirtliche Tal am Großen Salzsee, das im Juli 1847 erreicht wurde. Noch im Dezember des gleichen Jahres bestätigte man Brigham Young als zweiten „Präsidenten, Propheten, Seher und Offenbarer der Kirche" und gut drei Jahre später auch als Gouverneur des inzwischen entstandenen „Deseret-Territoriums". Unter seiner Führung verwandelten die Mormonen eines der unfruchtbarsten Gebiete Amerikas in eine blühende Kulturlandschaft, was ihnen große Anerkennung eintrug.

Dennoch wurde das Territorium erst 1896 als Bundesstaat „Utah" in die Vereinigten Staaten aufgenommen. Der Hauptgrund dafür war die Polygamie der Mormonen, wegen der es immer wieder zu Konfrontationen mit dem Kongreß in Washington gekommen war.

Frauen und Nebenfrauen

Wer heute einen Mormonen nach der Vielehe in seiner Glaubensgemeinschaft fragt, wird eine entrüstete Antwort bekommen: Das sei lange vorbei; außerdem hätten zu keinem Zeitpunkt mehr als drei Prozent der „Heiligen" in dieser Form gelebt. Die „Offenbarung" über die Mehrehe ist jedoch nie aufgehoben worden, auch wenn es heute das polygame Prinzip offiziell nicht mehr gibt. Für diese Entscheidung wurde 1890 dem Staat „in feierlicher Weise" die Verantwortung auferlegt, „dessen Gesetze den Verzicht erzwungen hatten" (James Talmage, Die Glaubensartikel, S. 419).

Wie war es zur Ausübung der Vielehe unter den Mormonen gekommen? Joseph Smith, seit Januar 1827 mit Emma Hale verheiratet, soll von Mitte der 30er Jahre ab mit zahlreichen anderen Frauen intimen Umgang gehabt haben. Den aufkommenden Unmut seiner Frau Emma versuchte er mit Hilfe einer auf den 12. Juli 1843 datierten, angeblich in Nauvoo empfangenen „Offenbarung" zu dämpfen, in der es unter anderem heißt:

> „Wenn ein Mann eine Jungfrau heiratet, und wünscht noch eine andere zu heiraten, und die erste gibt ihre Einwilligung dazu; und wenn er dann auch die zweite heiratet und sie Jungfrauen sind, und haben keinem anderen Mann ein

> Gelübde gegeben, dann ist er gerechtfertigt ... Und wenn ihm durch dieses Gesetz zehn Jungfrauen gegeben werden, so kann er keinen Ehebruch begehen, denn sie gehören ihm und sind ihm gegeben; deshalb ist er gerechtfertigt" (LuB 132,61f).

Diese Aussagen schienen auf Emma Hale jedoch keinen Eindruck zu machen, denn sie blieb mißtrauisch und ablehnend. Smiths Privatsekretär, William Clayton, der die „Offenbarung" nach Diktat aufgeschrieben hatte, hielt in seinem Tagebuch unter dem 12. Juli 1843 fest:

> „Heute morgen habe ich eine Offenbarung geschrieben, zehn Seiten lang, ... die unter anderem zeigte, daß auch Mose, Abraham, David und Salomo viele Frauen und Nebenfrauen hatten; anschließend lasen Joseph und Hyrum sie der Emma vor; die jedoch sagte, daß sie davon kein Wort glaube; sie blieb weiterhin sehr rebellisch" (Clayton, „Secret Writings", S. 20).

Mit diesen Vorstellungen hatte der „Prophet" seine im Buch Mormon niedergelegten Ansichten zurückgenommen, wo es heißt: „Siehe, David und Salomo hatten wahrhaftig viele Frauen und Nebenfrauen, und das war ein Greuel vor mir, spricht der Herr" (Jacob 2,24).

Schon am 17. Juli 1831 hatte Smith jedoch in Missouri einigen Ältesten gegenüber vermittels einer „Offenbarung" angedeutet, daß die Polygamie später eine mögliche Eheform für die „Heiligen" sein könnte, wobei hier zunächst an Indianerfrauen („Lamaniten") gedacht war. Deren Nachkommen würden durch eine Heirat mit Mormonen eine weiße Hautfarbe bekommen. Da Joseph Smith aber wohl ahnte, daß eine von seinen Anhängern öffentlich ausgeübte Polygamie die ohnehin schon bestehende Konfliktsituation zwischen Mormonen und nicht-mormonischer Umwelt noch weiter verschärfen würde, weihte er im Sommer 1843 nur ganz wenige Freunde und Glaubensgenossen in das von ihm entwickelte Prinzip der Mehrehe ein.

Erst als sich die „Heiligen" nach dem großen Zug westwärts in ihrer neuen Heimat des Salzseetals sicher fühlen konnten, wurde die Polygamie als wesentlicher Bestandteil des Mormonismus 1852 offiziell proklamiert.

Der eigentliche Verfechter der „patriarchalischen Eheordnung" wurde dann Brigham Young. Als er 1877 starb, soll er 17 Frauen (insgesamt hatte er 28) und 56 Kinder hinterlassen haben. Er sah die Vielehe („eine der besten Lehren, die je einem Volk gegeben wurden") auch im Zusammenhang des „Priesterdienstes", den ein Mann an seinen Nachkommen tun kann, indem er durch das Hervorbringen von Kindern den jenseitigen Geistfunken zur Verkörperung auf der Erde verhilft (vgl. Abschnitt *„Plan der Erlösung"*, S. 51 ff).

In einer Predigt im August 1862 meinte B. Young:

> „Monogamie, d. h. die gesetzliche Beschränkung auf eine Ehefrau, gehört nicht zur himmlischen Struktur für Männer. ... Diese monogame Eheordnung, von modernen Christen als heiliges Sakrament und göttliche Einrichtung so hoch geschätzt, ist nichts anderes als ein von einer Räuberbande errichtetes System. ... Warum glauben wir an die Polygamie und praktizieren sie? Weil der Herr sie seinen Dienern durch eine Offenbarung Joseph Smiths gegeben hat, und die Diener des Herrn haben sie immer praktiziert. ‚Ist eine solche Religion im Himmel populär?' Dort ist es die einzig populäre Religion, weil es die Religion Abrahams ist. ..." (Deseret News, 6. Aug 1862).

Und im Oktober 1865 erklärte der „Prophet":

> „Die Polygamie wurde von Gott offenbart, oder das ganze Gebäude ihres [der Mormonen] Glaubens ist falsch. Von ihnen den Verzicht auf ein solches Glaubensstück zu verlangen kommt der Forderung gleich, daß sie ihren ganzen Glauben aufgeben, ihr Priestertum als Lüge, ihre Verordnungen als Täuschung und alles, wofür sie sich geplagt, gelebt, geblutet und gehofft haben, als einen elenden Bankrott und eine Verwüstung des Lebens eingestehen" (Millenial Star, Bd. 27, S. 673).

In offiziellen mormonischen Verlautbarungen des vorigen Jahrhunderts kam auch stets zum Ausdruck, daß das Prinzip der Vielehe eine wesentliche Voraussetzung für die Erlösung und Erhöhung des Menschen sei. Noch 1861 meinte

John J. Stewart in seinem Buch „Brigham Young und Seine Frauen“:

> „Die Vielehe ist als Modell von Gott bestimmt worden als Teil Seines Planes des immerwährenden Fortschritts, um Sein Reich voranzubringen und Seine Kinder zu erhöhen“ (aaO., S. 71).

Es konnte nicht ausbleiben, daß die Praxis der Vielehe im ‚Fernen Westen‘ in der Hauptstadt Washington immer größeren Ärger hervorrief. Der amerikanische Präsident Ulysses Simpson Grant wandte sich im Dezember 1871 in dieser Angelegenheit mit heftigen Worten an den Kongreß: „In Utah gibt es noch einen Rest von Barbarei, die in völligem Gegensatz zur Zivilisation, zu Sitte und Anstand sowie zu den Gesetzen der Vereinigten Staaten steht. ... Weder Polygamie noch irgendeine andere Verletzung existierender Gesetze wird auf dem Territorium der Vereinigten Staaten geduldet. Wir haben es hier nicht mit der Religion von selbstgemachten Heiligen, sondern mit deren Praktiken zu tun. Sie genießen den Schutz ihrer Gottesdienste gemäß den Vorgaben ihres Gewissens, sie dürfen jedoch unter dem Deckmantel der Religion keine Gesetze übertreten. ...“ (in: William Whalen, The Latter-day Saints in the Modern Day World, S. 134).

Die Reaktionen des Staates wurden zunehmend härter. 1882 brachte Senator Georges F. Edmunds einen Antrag ein (der auch Bundesgesetz wurde), das seit 1862 bestehende „Anti-Polygamie-Gesetz“ zu verschärfen. Darin wurde nun das Zusammenleben mit mehr als einer Frau als „Verbrechen“ und „ungesetzliche Kohabitation“ beschrieben. Verurteilte Polygamisten verloren das Wahlrecht und öffentliche Ämter. Aufgrund des „Edmunds-Tucker-Gesetzes“ von 1887 konnte in solchen Fällen sogar mormonisches Vermögen eingezogen werden. Jahrelang machten Bundesbeamte Jagd auf Polygamisten; viele von ihnen flohen nach Mexiko, andere wurden inhaftiert.

Das Gebäude der mormonischen Vielehe begann zu wanken, gerade auch unter dem Aspekt, daß durch das Beharren auf polygamen Strukturen die Verwirklichung eines eigenen Bundesstaates in weite Ferne rücken würde. Es gab allerdings auch zahlreiche ‚Hardliner' unter den führenden Mormonen, die selbst unter staatlichem Druck von der ‚Vielweiberei' nicht lassen wollten. Schon zu Zeiten von Brigham Young hatte dessen Ratgeber Heber C. Kimball gemeint: „Für die Vereinigten Staaten wäre es leichter, einen Turm zu bauen, um die Sonne wegzuschieben, als die Polygamie abzuschaffen" (Journal of Discourses, Vol. 11, S. 268f). Bei der Auseinandersetzung mit dem Staat griffen die Religionsführer häufig auf das Prinzip „Offenbarung" zurück. „Apostel" Abraham H. Cannon schrieb am 19. Dezember 1889 in sein Tagebuch, daß man im Hinblick auf die Polygamie nicht einen Zentimeter nachgeben würde. Präsident Woodruff habe am 24. November eine „Offenbarung" empfangen, in der „Gott" die Mormonen ermutige, an dem eingeschlagenen Weg festzuhalten und keine Angst „vor den Feinden" zu haben (in: Tanner, Mormonism, S. 234).

Dennoch kam das Unabänderliche: Am 24. September 1890 veröffentlichte der vierte Mormonen-„Prophet" Wilford Woodruff (1807–1898) eine weitere „Offenbarung", die als „Amtliche Erklärung" bzw. „The Manifesto" bekannt wurde und sich heute im Anhang von „Lehre und Bündnisse" findet. Darin heißt es:

> „An alle, die es angeht:
>
> Pressemeldungen sind zu politischen Zwecken von der Salzseestadt aus weithin verbreitet worden, worin gesagt wird, ... es würden noch immer Vielehen vollzogen, und seit Juni letzten Jahres seien in Utah vierzig oder mehr solcher Ehen geschlossen worden; auch hätten die Kirchenführer in öffentlichen Ansprachen in diesem Sinne gelehrt und zur weiteren Ausübung der Vielehe ermuntert oder aufgefordert. – Demgegenüber erkläre ich als Präsident der Kirche Jesu Christi der Heiligen der Letzten Tage hiermit feierlich, daß diese Behauptungen falsch sind. Wir lehren Polygamie oder Vielehe nicht, und gestatten auch niemandem ihre Ausübung. ...
>
> Da nun der Kongreß Gesetze erlassen hat, welche die Vielehe verbieten, und da der Oberste Gerichtshof diese Ge-

setze als verfassungsgemäß bestätigt hat, spreche ich hiermit meine Absicht aus, diesen Gesetzen zu gehorchen und meinen Einfluß auf die Mitglieder der von mir geleiteten Kirche geltend zu machen, dasselbe zu tun.

In den von mir oder meinen Amtsbrüdern während der genannten Zeit der Kirche erteilten Belehrungen ist nichts zu finden, was von gerecht Denkenden so aufgefaßt werden könnte, als werde dadurch zur Vielehe aufgefordert oder ermuntert. Wenn irgendein Ältester eine Sprache führte, die solche Belehrungen zu enthalten schien, wurde er sofort zurechtgewiesen. – Und nun erkläre ich feierlich, daß ich den Heiligen der Letzten Tage rate, vom Eingehen jeder Ehe abzusehen, die nach dem Gesetz des Landes verboten ist. – Wilford Woodruff, Präsident".

Die am 6. Oktober 1890 in Salt Lake City tagende „Generalkonferenz" nahm die Erklärung ihres „Propheten" einstimmig an, da Wilford Woodruff „der einzige Mann auf Erden" sei, „der gegenwärtig die Schlüssel zu den versiegelnden Verordnungen" besitze und daher befugt sei, eine solche Erklärung über die Vielehe abzugeben.

Für Mormonen-Führer unserer Zeit scheint es nicht ganz leicht zu sein, mit dem heiklen Thema „Polygamie" umzugehen und es zu beurteilen. Der 1985 verstorbene „Apostel" Bruce McConkie z. B. schreibt in dem entsprechenden Artikel seines Buches „Mormon Doctrine", daß „Gott" das Prinzip der Mehrehe als einen Teil der versprochenen „Wiederherstellung aller Dinge" Joseph Smith „offenbart" habe. Auf Geheiß „Gottes" hätten dann der „Prophet" und die „leitenden Brüder" mit dieser Praxis begonnen, „in aller Tugendhaftigkeit und Reinheit des Herzens, trotz der sich daraus ergebenden Animosität und den Vorurteilen weltlicher Menschen". Im Salzseetal sei das Prinzip öffentlich gelehrt worden, bis „Gott" im Jahre 1890 aufgrund der „Umstände" gezwungen gewesen sei, die bestehende Anweisung durch eine weitere „Offenbarung" wieder zurückzunehmen.

Allerdings mochte McConkie die Idee der Polygamie nicht gänzlich aufgehoben wissen:

> „Ganz offensichtlich wird diese heilige Praxis nach dem Zweiten Kommen des Menschensohnes und dem Anbruch des Tausendjährigen Reiches wieder beginnen" (Mormon Doctrine, S. 578).

So lange wollen andere „Heilige" allerdings nicht warten. Einem Bericht des ehemaligen Mormonen Einar Anderson zufolge sollen in einigen westlichen Bundesstaaten der USA noch etwa 70.000 fundamentalistisch gesonnene Mormonen an der Doktrin von dem „geoffenbarten Gesetz" festhalten und in polygamen Eheformen leben. Sie sind jedoch nicht Mitglieder der Utah-Organisation (vgl.: Anderson, Ich war ein Mormone, S. 27).

„Die wiederhergestellte Kirche"

Das Selbstverständnis des Mormonismus beruht auf zwei sich gegenseitig bedingenden Glaubensprinzipien, dem der „Wiederherstellung" und dem der „neuen Offenbarungen".

Beide Aspekte sind mit der Behauptung verbunden, es habe in der frühen Christenheit einen allgemeinen „Glaubensabfall", eine Zerstörung des wahren Glaubens und der wahren Lehre gegeben. Deshalb hätte die „wahre Kirche", einschließlich des „Evangeliums", „wiederhergestellt" werden müssen, was in der Religion des Mormonismus seinen sichtbaren Ausdruck gefunden habe. Die „Kirche Jesu Christi der Heiligen der Letzten Tage" sei deshalb die „in ihren ursprünglichen Strukturen und Lehren wiederhergestellte Kirche Gottes auf Erden", weil sie das „einzig wahre Evangelium" und das „einzig vollmächtige Priestertum" besitze und durch „neuzeitliche Offenbarungen" geleitet werde.

In mormonen-eigenen Schriften, besonders in Lehrbüchern und Schulungsmaterialien für ‚Amtsträger', aber auch in gewöhnlichen Zeitschriften und anderen für eine nichtmormonische Öffentlichkeit gedachten Publikationen, wird folgendes Bild von einem „Glaubensabfall" und der „Wiederherstellung" gezeichnet:

Jesus Christus hatte während seines irdischen Wirkens „seine Kirche" gegründet und auserwählte Menschen mit seinen Lehren vertraut gemacht. Solange die Apostel am Leben waren, wurde die christliche Wahrheit in den inzwischen entstandenen Gemeinden rein gehalten und als einzige Grundlage des Glaubens und der Lebensgestaltung akzeptiert. Nach dem Tode der Apostel jedoch setzte unter den Christen und besonders ihren Führern bald ein negativer Gesinnungswandel ein, der sich in den folgenden Jahrzehnten mit der Konsolidierung der Kirche immer weiter verstärkte, bis eines Tages von der ursprünglichen Wahrheit nichts mehr übriggeblieben war.

Den Auftakt zu diesem „Verfall" des christlichen Glaubens und Denkens bildeten ‚Manipulationen' an der Bibel, die von „interessierten Kreisen" vorgenommen worden waren. Man hatte „köstliche Teile" aus der Bibel entfernt, um Menschen „in die Irre" zu führen, wie Joseph Smith es in seinem „Buch Mormon" formulierte. Nach diesen ‚Manipulationen' an der Hl. Schrift folgten eine generelle „Entartung der Kirchenbräuche" – es wurden Messen und Prunkgewänder eingeführt, Wallfahrten unternommen, Standbilder aufgestellt, Litaneien gebetet usw. – sowie das Verbreiten „abergläubischer Vorstellungen" und das Praktizieren von Unsittlichkeit und Gewalt.

Verschiedene biblische Texte deuten nach Auffassung der Mormonen darauf hin, daß das hereingebrochene „dunkle Zeitalter" von Jesus selbst, aber auch von den Aposteln und sogar den alttestamentlichen Propheten vorausgesagt worden war (vgl. Matthäus 24; 2 Petrus 2,1–3; Galater 1,6–8; u. a.). In einem Schulungskurs für mormonische Priester wird die Zeit des „Abfalls" zusammenfassend mit den folgenden Worten charakterisiert, wobei man sich bei der Beurteilung auch auf entsprechende Analysen frühchristlicher und moderner Kirchenhistoriker beruft:

> „Heuchelei, Lug und Trug, Ungerechtigkeit, Liebe zu den weltlichen Gütern und Ehren, selbst der Kauf kirchlicher Ämter nahm mehr und mehr überhand. ... Die christliche Lehre wurde von heidnischen Philosophen verdrängt. Reli-

> quienverehrung, prächtige Amtskleider für die Priester, das Kreuz zum Vertreiben von allerlei bösen Geistern und viele andere Mißbräuche waren die Folge. ... Von Selbstsucht, Neid, Machtgier angetrieben, wurde die christliche Kirche eine verfolgende Kirche. Statt für ihre Feinde zu beten, griff sie zum Schwert, um sie zu erschlagen. ..."

Mormonisches Fazit:

> „Betrachtet man die hier kurz dargestellten Verhältnisse und Zustände etwas näher, dann können wir uns nicht der Erkenntnis verschließen, daß sie für Kirchen menschlichen Ursprungs kennzeichnend sind. In der Kirche Jesus Christi hätten sie nicht herrschen können. ..." (Roy A. Welker, Seine göttliche Kirche wiederhergestellt, S. 18f).

Die „Verweltlichung" der Kirche, die „Verwilderung des christlichen Glaubens" und vor allem die Leugnung „fortlaufender Offenbarungen" waren nach Meinung der Mormonen der Grund dafür, daß Gott „seinen Geist" von der Kirche und ihren Mitgliedern nehmen mußte. Die Amtsträger fungierten fortan ohne „göttliche Vollmacht und ohne Erleuchtung"; der Himmel war geschlossen, und die „Stimme der Offenbarung" schwieg. In diesem ‚Chaos totaler Finsternis' gab es jedoch immer auch ein paar ‚Lichtfunken', d. h. Menschen, die sich gegen alle Widerstände auf die Suche nach der Wahrheit begaben. Zu ihnen zählen die Mormonen unter anderem auch die Reformatoren. Martin Luther etwa wird bescheinigt, daß er sich mutig an die Beseitigung der Mißstände seiner Kirche gemacht habe, allerdings mit begrenztem Erfolg, da auch ihm die „göttliche Vollmacht" und die „Erleuchtung durch den Hl. Geist" fehlten. Auch wenn den Reformatoren und anderen „Lichtfunken" keine durchschlagende Erneuerung gelang, so waren sie doch Markierungszeichen auf dem Weg zu der von Gott für eine spätere Zeit geplanten vollen „Wiederherstellung" der „wahren Kirche" und des „Evangeliums". Neben einzelnen Personen spielten auch verschiedene Entdeckungen und geschichtliche Entwicklungen eine wesentliche Rolle, diesen Weg zu ebnen. An erster Stelle wird hier die Entdeckung Amerikas genannt: Sie „war nicht eine Sache des

Zufalls, sondern lag im Plan Gottes beschlossen" (Welker, aaO., S. 37).

Da Amerika das Land religiöser und politischer Freiheit für alle Verfolgten aus dem „Europa der Knechtschaft und Intoleranz" werden sollte, „(gehört) auch dieses zu jener Vorbereitungszeit, die der Wiederherstellung des Evangeliums und der Kirche Christi vorausging". In markanter Weise habe Gott dann nicht nur die geschichtliche Entwicklung bestimmt, sondern auch sein eigenes Werk vorangetrieben, als die amerikanische Verfassung „unter göttlicher Erleuchtung" erarbeitet wurde. Für Mormonen kann kein Zweifel daran bestehen, „daß der Geist Gottes jahrhundertelang auf Amerika ruhte, um es zu beschützen als den Ort, wo der Herr Sein wunderbares Werk auf Erden beginnen und durchführen werde" (Welker, aaO., S. 41).

Zu Beginn des 19. Jahrhunderts war die Zeit für das „große Werk der Wiederherstellung" gekommen, da nun der geeignete Mann Gottes, schon vor der Grundlegung der Welt dafür ausersehen, in der Person des jungen Joseph Smith zur Verfügung stand. Wie die Mormonen glauben, wies er alle *die* Fähigkeiten und Begabungen auf, die ein „Prophet" haben mußte: einen ausgeglichenen Charakter, überlegene geistige und seelische Eigenschaften, einen vom Irrtum ungetrübten Geist, grenzenlosen Mut und unerschütterliche Stärke, bereit zu jedem Opfer für die Wahrheit und das Recht, u. a. (ebd., S. 55ff):

> „Weder in der Zeit des großen Abfalls, noch in den darauffolgenden Jahrhunderten gab es einen Mann gleich ihm, keinen, der so befähigt war, das mächtige Werk zu vollbringen, das nun der Vollbringung harrte" (ebd., S. 63).

Die ‚Feststellung', daß es in den vorhandenen Strukturen der zeitgenössischen Kirchen und Freikirchen keinerlei Grundlage oder auch nur Anknüpfungspunkte für das „Werk" gegeben habe, stammte, so glauben die Mormonen seit der Veröffentlichung von J. Smiths erster „Vision", von ‚Gott' selber. Er war es denn auch, der den so lange verschlossenen himmlischen Kanal der „Offenbarungen" wieder öffnete, um buchstäblich alle Glaubensgrundsätze, Praktiken, Erkenntnisse, Einrichtungen und „Vollmachten" noch einmal auf die Erde zu bringen; das geschah in vielen einzelnen Schritten zwischen 1820 und 1844.

Die Originalität der nun existierenden „einzig wahren Kirche Jesu Christi" wird in einem Lehrbuch für die Sonntagsschule mit einer besonderen Graphik verdeutlicht und unterstrichen:

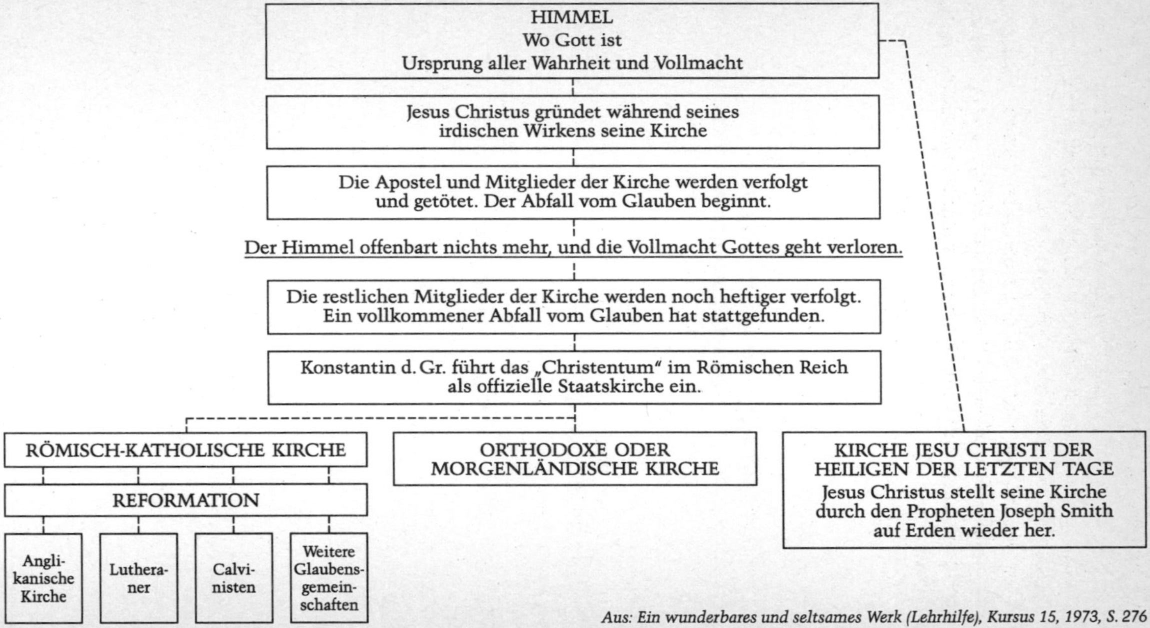

Aus: Ein wunderbares und seltsames Werk (Lehrhilfe), Kursus 15, 1973, S. 276

Aufs Ganze gesehen, weist das mormonische Konzept der „Wiederherstellung" eine sehr bemerkenswerte Struktur auf. In seinem Raster finden sich nämlich nicht nur solche Dinge, die man auf das Neue Testament zurückführen möchte, sondern überwiegend auch modifizierte alttestamentliche und außerbiblische Elemente. Dazu heißt es in dem oben schon zitierten Schulungskurs für das Priestertum:

> „Das Neue Testament läßt an Klarheit zu wünschen übrig betreffs wichtiger Lehren wie z.B. Taufe für die Toten, ewiger Ehebund, Tempelarbeit, Priestertum, Grade der Herrlichkeit, Gesetze der Gesundheit u.a. Diese und andere Lehrpunkte wurden in der Zeit des großen Abfalls aus der Bibel entfernt oder durch Ändern und Entstellen dunkel und irreführend gemacht. Da der Herr wußte, daß dem Propheten jedes andere Mittel fehlte, um ihren wahren Gehalt wiederherzustellen, gab Er ihm Offenbarungen darüber" (Welker, aaO., S. 107).

„Neue Offenbarungen"

Die Entwicklung der Theorie von der „Wiederherstellung" all jener Aspekte, die mit dem Begriff „Mormonismus" umschrieben werden, einschließlich und besonders auch der Tempelrituale, wäre ohne das Konzept „neuzeitlicher Offenbarungen" nicht möglich gewesen. Entsprechend wird es in dem Schulungsmaterial für „Priester" formuliert:

> „Die Wiederherstellung des Evangeliums und der Kirche Jesu Christi begann mit einer Offenbarung von Gott, dem Vater, und seinem Sohne, Jesus Christus; ... die Wiederherstellung (hätte) in keiner anderen Weise beginnen können. Auch konnte nicht alles, was zum Evangelium und zur Kirche Christi gehört, in einer einzigen Offenbarung kundgetan werden. Deshalb waren viele Offenbarungen nötig. ..." (Welker, aaO., S. 168).

Die Notwendigkeit „neuzeitlicher Offenbarungen" ergibt sich für Mormonen aus der Überzeugung, daß die Bibel zum einen nicht alles enthalte, was Gott den Menschen mitzuteilen gehabt habe, und zudem wichtige Lehrpunkte sehr undeutlich und mißverständlich weitergebe, und zum anderen daraus, daß bald nach dem Tode der neutestamentlichen Apostel die Offenbarungen wegen des beginnenden „großen Abfalls" hätten beendet werden müssen.

Schon Joseph Smith hatte in seinem „Buch Mormon" scharf gegen jene polemisiert, die das in der Bibel niedergelegte Wort Gottes für seine ausreichende und abschließende Offenbarung hielten und halten. Einen „Propheten Moroni" etwa läßt er sagen:

> „Und weiter rede ich zu euch, die ihr die Offenbarungen Gottes leugnet und sagt, sie hätten aufgehört und es gebe keine Offenbarungen mehr, keine Prophezeiungen ... Sehet, ich sage zu euch: Wer diese Dinge leugnet, kennt das Evangelium Christi nicht; ja, er hat die Schrift nicht gelesen; oder er versteht sie nicht" (Mormon 9,7 f).

In 2. Nephi 28,29 heißt es:

> „Wehe dem, der sagen wird: Wir haben das Wort Gottes erhalten, wir brauchen nichts mehr davon, denn wir haben genug!"

und in 2. Nephi 29,3 und 10:

> „... viele der Nichtjuden werden sagen: Eine Bibel! Eine Bibel! Wir haben eine Bibel, und es kann nicht noch eine andere Bibel geben. ... Daher braucht ihr nicht zu denken, weil ihr eine Bibel habt, daß sie alle meine Worte enthalte; auch braucht ihr nicht anzunehmen, daß ich nicht noch mehr habe schreiben lassen."

In den folgenden Jahren benutzte Joseph Smith das Schema der „neuen Offenbarungen" jedoch nicht nur dazu, seinen Anhängern religiöse Belehrungen zu erteilen und angeblich verlorengegangene ‚biblische Wahrheiten' „wiederherzustellen" oder zu ergänzen, sondern auch ganz konkret dazu, das von ihm begründete Religionssystem zu organisieren und auszubauen. Selbst die kleinsten Nebensächlichkeiten wurden fortan durch „Offenbarung" angeordnet bzw. geregelt.

Bemerkenswert in diesem Zusammenhang ist die Tatsache, daß Joseph Smith den Empfang aller diesbezüglicher „Offenbarungen“ von Anfang an auf seine Person beschränkte und jede nicht von ihm stammende „Kundgabe“ zurückwies. Im September 1830 hatte er „Gott“ folgende Aussage machen lassen:

> „... außer meinem Diener Joseph Smith jun. soll niemand berufen sein, Gebote und Offenbarungen in dieser Kirche zu empfangen, denn er empfängt sie gleichwie Mose“ (LuB, 28,2).

Diese Linie der exklusiven „Offenbarungs“-Vollmacht ist bis in die Gegenwart hinein durchgezogen worden, so daß Joseph Fielding Smith (1876–1972), zehnter Mormonen-Präsident, noch einmal betonen konnte:

> „Es gibt stets nur einen Mann auf Erden, der die Schlüsselgewalt und das Recht hat, Offenbarungen für die Kirche zu erhalten, und dieser Mann ist der Präsident der Kirche. ... Nur einer ist berechtigt, das Wort des Herrn zu empfangen und der Kirche mitzuteilen. ... Der Herr würde einem Hohenpriester, Ältesten oder Siebziger niemals eine Offenbarung geben, die für die Kirche als Ganzes vorgesehen ist. Vielmehr wir er sich des Mannes bedienen, der dazu eingesetzt ist!“ (Lehren der Erlösung I, S. 280ff).

Wie „neue Offenbarungen“ im Mormonismus zustande kommen können, mag an folgendem Beispiel gezeigt werden. Bis Ende der 70er Jahre dieses Jahrhunderts herrschte die Lehre vor, daß farbige Männer („Neger“) das mormonische Priestertum und seine „Segnungen“ nicht erhalten können, da eine nicht-weiße Haut Ausdruck eines göttlichen Fluches sei. In ihrer vor-irdischen Existenz hätten sich nämlich ein Drittel der Geistwesen gegen Gott gestellt und seien deshalb für das irdische Leben mit einer farbigen Haut „bestraft“ worden.

In seinem 1966 erschienenen Buch „Mormon Doctrine“ schrieb der Mormonen-„Apostel“ Bruce McConkie im Hinblick auf die Farbigen:

> „Negern wird in diesem Leben das Priestertum versagt; unter keinen Umständen können sie diese von Gott dem Allmächtigen übertragene Autorität innehaben. Die Evangeliumsbotschaft von der Erlösung gilt ihnen nicht. ... Neger

> sind im Hinblick auf den Empfang bestimmter geistlicher Segnungen anderen Rassen nicht gleich; das gilt besonders für das Priestertum und die Tempel-Segnungen; diese Ungleichheit geht aber nicht auf einen menschlichen Ursprung zurück. Es ist vielmehr das Handeln des Herrn, es beruht auf seinem ewigen Gesetz der Gerechtigkeit. ..." (aaO., S. 527f).

Die Los Angeles Times schrieb am 27. August 1967: „Die Mormonen bilden heute noch eines der wenigen Bollwerke der Rassendiskrimination, das noch keine Risse aufweist." Es hat jedoch auch innerhalb der Mormonen-Gemeinschaft immer wieder kritische Stimmen gegeben, die sich gegen die religiös verbrämte Disqualifizierung Farbiger wandten.

Von offiziellen Vertretern der „Heiligen" wurden die Kritiker jedoch meist lächerlich gemacht und bezichtigt, die Lehre und Geschichte des Mormonismus sowie die „himmlische Ordnung" nicht begriffen zu haben. Es werde auch keine „neue Offenbarung" geben, so hieß es, die den „Negern" eines Tages das Priestertum zugestehe. „Selbst der soziale und politische Druck der ganzen Welt werde nichts an dem ändern, was Gott einmal beschlossen hat" (John L. Lund, The Church and the Negro, S. 109).

Die „Propheten und Offenbarer", die Brigham Young im Amte folgten, betonten immer wieder, daß sie sich in Übereinstimmung mit der Lehre B. Youngs befänden. N. Eldon Tanner, bis 1983 Ratgeber der Ersten Präsidentschaft, sagte 1967 in Seattle:

> „Die Kirche hat nicht vor, die Lehre im Hinblick auf die Neger zu ändern, in Übereinstimmung mit den Propheten vor uns. In der ganzen Kirchengeschichte haben die Neger nie das Priestertum gehabt. Und es gibt wirklich nichts, was wir tun könnten, um das zu ändern" (in: Seattle Magazin, Dez. 1967, S. 60).

Und dann passierte es: Am 3. April 1976 berichtete die Tageszeitung Salt Lake Tribune (nicht-mormonisch) aus Portland/Oregon: „Ein Mitglied der Kirche Jesu Christi der Heiligen der Letzten Tage ordinierte am Freitag einen Farbigen zum Priester; als Grund gab er an, er habe das getan, um eine Revision der Mormonen-Lehre über die schwarze Rasse zu erreichen. – Douglas A. Wallace taufte Larry Lester zunächst im Swimming Pool eines Motels nordöstlich von Oregon. Dann ordinierte er Lester zum Priester im Aaronischen Priestertum der Mormonen. Dem Ritual war eine Pressekonferenz vorausgegangen, bei der Wallace sagte, er hätte sich schon lange über die Haltung der Mormonen-Kirche zu den Farbigen geärgert. Die Zeit sei jetzt gekommen, diese Haltung herauszufordern. – Der Präsident der Portland-Oregon-Mission, Robert Seamons, sagte zu Wallaces Aktion: ‚Er gebraucht sein Priestertum in unerlaubter Weise, und seine Handlung ist ungültig, weil der Präsident der Kirche gesagt hat, daß Schwarze das Priestertum nicht haben können'. – Wallace selbst sagte, er hoffe, daß das für ihn keine negativen Folgen, wie etwa die Exkommunikation haben würde."

Zehn Tage später, am 13. April 1976, berichtete die Salt Lake Tribune: „Douglas Wallace ist aus der Kirche Jesu Christi der Heiligen der Letzten Tage ausgeschlossen worden." In der Folgezeit strengte Wallace verschiedene Prozesse gegen die Mormonen-Führer an, konnte aber kaum Erfolge erzielen. Die jeweils damit verbundene negative Publicity machte den Mormonen allerdings sehr zu schaffen. Kritische Beobachter in Salt Lake City nehmen deshalb an, daß diese Situation wesentlich dazu beigetragen hat, daß es schließlich zu einer „neuen Offenbarung" kam.

Am 8. Juni 1978 gab der damalige, zwölfte Mormonen-Präsident Spencer W. Kimball (1895–1985) folgende Erklärung heraus (Text im Archiv des Autors):

> „Kirche Jesu Christi der Heiligen der Letzten Tage
> Büro der Ersten Präsidentschaft
> Salt Lake City, Utah, 8. Juni 1978
>
> An alle Generalautoritäten und örtlichen Priestertumsführer der Kirche Jesu Christi der Heiligen der Letzten Tage in der ganzen Welt
>
> Liebe Brüder:
> Wir haben schon Zeugnis von dem Wachstum des Werkes des Herrn auf der ganzen Erde abgelegt. Wir sind dankbar,

daß Menschen vieler Nationen die Botschaft des wiederhergestellten Evangeliums annahmen und sich der Kirche in ständig zunehmender Zahl anschließen.
Das hat in uns Begeisterung entfacht, und wir haben den Wunsch, daß jedes würdige Mitglied der Kirche alle Vorrechte und Segnungen genießen kann, die das Evangelium gewährt.
Wir sind uns der von den Propheten und Präsidenten der Kirche gemachten Verheißungen bewußt, die uns immer nach dem ewigen Plan Gottes führen.
Wir schätzen all unsere würdigen Brüder, die das Priestertum empfangen können, und wissen von dem treuen Zeugnis derer, denen das Priestertum noch vorenthalten blieb.
Wir haben viele Stunden im oberen Raum des Tempels gebetet und den Herrn um göttliche Führung angefleht.
Gott hat unsere Gebete erhört und hat uns durch Offenbarung wissen lassen, daß der langverheißene Tag gekommen ist, an dem jeder treue und würdige Mann in der Kirche das heilige Priestertum empfangen kann, um mit Vollmacht Seinen göttlichen Willen auszuüben und sich mit seinen Lieben jeder Segnung zu erfreuen, einschließlich der Segnungen des Tempels, die daraus resultieren.
Dementsprechend können nunmehr alle würdigen männlichen Mitglieder der Kirche, unabhängig von Rasse und Hautfarbe, zum Priestertum ordiniert werden.
Wir bitten alle Priestertumsführer, Interviews, die die Ordination zum Aaronischen oder Melchizedekischen Priestertum zur Folge haben, sorgfältig durchzuführen und zu gewährleisten, daß alle Voraussetzungen der Würdigkeit vorhanden sind.
Wir erklären ernsthaft, daß der Herr jetzt seinen Willen hinsichtlich der Segnungen seiner Kinder auf der ganzen Welt, die auf die Stimme seiner bevollmächtigten Diener hören werden und sich selbst vorbereiten, um jede Segnung des Evangeliums zu empfangen, kundgetan hat.

Ihre ergebene
Erste Präsidentschaft
Spencer W. Kimball
N. Eldon Tanner
Marion G. Romney"

Auf zahlreiche Mormonen wirkte diese „neue Offenbarung“ wie ein Schock. Nach einer von der Brigham Young Universität in der Region Salt Lake City durchgeführten Umfrage gaben 79 % an, mit einer solchen „neuen Offenbarung“ nicht gerechnet zu haben. 45 % derer, die von Freunden oder Bekannten davon gehört hatten, hielten die Aussagen zunächst für ein Gerücht. Ein großer Teil der Befragten verglich den Schock mit demjenigen, der die Nachricht vom Tode John F. Kennedys ausgelöst hatte.

Erstaunlich auch die Reaktion des Verfechters der harten Linie, des „Apostels“ Bruce McConkie, der sich sehr schnell der neuen Situation anpaßte. Er selbst habe in der Vergangenheit, in Übereinstimmung mit früheren „Propheten“, falsche Dinge über die Farbigen geschrieben, jetzt aber müsse man dem heutigen „Propheten“ folgen:

> „Vergeßt alles, was ich gesagt habe, oder was Präsident Brigham Young oder wer auch immer in früheren Zeiten gesagt hat. Dinge, die der neuen Offenbarung nicht entsprechen. ... Wir redeten aus begrenztem Verständnis heraus und ohne die Erkenntnis, wie sie jetzt ans Licht gekommen ist. ... Es hat also nicht das Allergeringste zu bedeuten, was irgendwer über die Negerfrage vor dem 8. Juni 1978 gesagt hat“ (McConkie, All are Alike Unto God, S. 1f).

Einige Tage nach der „Offenbarung“ wurde ein 26jähriger Farbiger namens Joseph Freeman als erster „Neger“ offiziell zum Mormonen-Priester ordiniert.

Ein „vollmächtiges Priestertum“

Das religiöse und organisatorische Rückgrat des Mormonismus ist sein Priestertum, dessen Eigenschaft im wesentlichen durch die beiden Begriffe „Vollmacht“ und „Autorität“ charakterisiert wird. Nach mormonischer Auffassung kann auf Erden nichts existieren oder geschehen, es sei denn durch dieses Priestertum. Die offiziöse Beschreibung lautet deshalb auch:

> „Das Priestertum besteht von Ewigkeit her; deshalb ist es auch der ewigen Vollmacht und Autorität der Gottheit

gleich, wodurch alle Dinge existieren, d.h. geschaffen, regiert und kontrolliert werden; wodurch das Universum und Welten ohne Zahl zu existieren begannen und der große Plan der Schöpfung, Erlösung und Erhöhung in seiner Unermeßlichkeit durchgeführt wird" (in: Gospel Kingdom, S. 129; zitiert bei: McConkie, aaO., S. 594).

Da das Priestertum ewig sei, folgt logischerweise die Annahme, Adam sei der erste Träger des Priestertums auf Erden gewesen. Nach Adam waren Noah und Abraham die Hauptträger. In Abrahams „Dispensation" (= Evangeliumszeitalter) sei es nach einem aufrichtigen Priester namens Melchizedek das „Melchizedekische Priestertum" genannt worden.

Durch den Ungehorsam und die Gottlosigkeit des Volkes Israel – während dessen Wüstenwanderung – war Gott gezwungen, das „Melchizedekische Priestertum" mit seinen höheren Segnungen fortzunehmen (D & C 84,23ff) und nur die Aspekte des Gesetzes zu belassen, die in Form eines geringeren Priestertums Aaron und seinen Söhnen übertragen wurden (Exodus 28–30). Dieses „Aaronische Priestertum" war fortan für die Opferdienste und die Überwachung der religiösen Gesetze zuständig. Jahrhunderte später galt Johannes der Täufer als ein Hauptvertreter des „Aaronischen Priestertums", der alle diesbezüglichen „Schlüssel" verwaltete und gleichzeitig auf die kurz bevorstehende „Wiederherstellung" des „Melchizedekischen Priestertums" durch Jesus Christus verwies. Als dieser selbst dann auf Erden wirkte, stellte er die „Fülle des Evangeliums" und damit auch die „Fülle des Priestertums", nämlich das „Melchizedekische", wieder her und stattete seine Apostel (Matthäus 10,1–4) und die „Siebziger" (Lukas 10,1) mit der Macht und Autorität, d.h. mit den „Schlüsseln" dieses Priestertums aus.

In den Ereignissen des bald einsetzenden „großen Abfalls" verschwanden diesmal jedoch sowohl das „einfache" als auch das „höhere Priestertum" von dieser Erde und mußten für die letzte ‚Dispensation' erneut installiert werden. Das geschah, als Joseph Smith und Oliver Cowdery am

15. Mai 1829 am Susquehanna-Fluß (Pennsylvania) zunächst von „Johannes dem Täufer“ das „Aaronische“ und im Juni des gleichen Jahres von den „Aposteln Petrus, Jakobus und Johannes“ das „Melchizedekische Priestertum“ übertragen bekamen (D & C 27,12).

Aufgrund der Behauptung, er selbst habe es direkt durch „himmlische Boten“ empfangen, konnte Joseph Smith nun das Priestertum zu einem machtvollen und autoritären System ausbauen. Zunächst begann er mit der Ausformung einer „Lehre von den Schlüsseln“. „Schlüssel“ meint in diesem Zusammenhang bestimmte Fähigkeiten oder Bevollmächtigungen, durch die sich einzelne Personen oder Gruppen auszeichnen.

Das „Aaronische Priestertum“ etwa hält die „Schlüssel“ der „Buße und der Taufe durch Untertauchen zur Vergebung der Sünden“. Für das „Melchizedekische“ hatte Smith wesentlich mehr und Größeres vorgesehen:

> „Kraft und Vollmacht des höheren oder Melchizedekischen Priestertums bestehen darin, die Schlüssel zu allen geistigen Segnungen der Kirche zu halten und das Vorrecht zu besitzen, die Geheimnisse des Himmelreiches zu empfangen, die Himmel für sich offen zu haben, mit der allgemeinen Versammlung und Kirche des Erstgeborenen zu verkehren und sich der Gemeinschaft und Gegenwart Gottes des Vaters und Jesu, des Mittlers des Neuen Bundes, zu erfreuen“ (LuB 107,18f).

Auf der Grundlage der formalen „Wiederherstellung“ der beiden ‚Priestertümer‘ konnte Smith nun noch einen Schritt weiter gehen und dem „Melchizedekischen“ quasi eine umfassende Erlösungsvollmacht zusprechen. Schon 1832 hatte Smith seinen Anhängern mit Hilfe einer „Offenbarung“ die ‚Qualitäten‘ der Träger des „höheren Priestertums“ erläutert:

> „Es sind diejenigen, die die Kirche des Erstgeborenen bilden; diejenigen, in deren Hände der Vater alle Dinge gegeben hat; die Priester und Könige sind. ... Priester des Allerhöchsten nach der Ordnung Melchizedeks ... Darum sind

> sie Götter, ja die Söhne Gottes. Deshalb gehören ihnen alle Dinge, ob Leben oder Tod, Dinge der Gegenwart und der Zukunft. ... Sie werden für immer und ewig in der Gegenwart Gottes und seines Christus wohnen. Es sind diejenigen, die er mit sich bringt, wenn er kommen wird in den Wolken des Himmels. ... Sie sind es, die an der ersten Auferstehung teilhaben werden" (LuB 76,54ff).

Nach der theoretischen Ausformung eines „Erlösung" bewirkenden Priestertums fehlte noch dessen praktische Seite, nämlich ganz konkrete Rituale und Segnungen, durch die der Weg zurück in die Gegenwart Gottes (vgl. *„Plan der Erlösung"*) garantiert und erfahrbar gemacht werden konnte. Diese Dinge waren allerdings, so hatte Smith 1841 in einer „Offenbarung" vernommen, an die Existenz eines Tempels gebunden.

In einem nächsten Schritt machte sich der „Prophet" also an die Entwicklung von Tempelritualen. Mit der im Mai 1842 erfolgten Einführung von rituellen Waschungen, Salbungen, Siegelungen und „Endowments" war endlich der Schlußstein gesetzt. Joseph Smith hatte ein Priestertum geschaffen, dessen „Macht und Autorität", wie er glaubte, bis in den Himmel, bis in die Gegenwart Gottes reichte. Deshalb sind Mormonen heute zutiefst überzeugt:

> „Ohne das Melchizedekische Priestertum gibt es im Reich Gottes keine Erlösung für die Menschen auf der Erde. ..." (in: McConkie, aa0., S. 479).

Das mormonische „Evangelium"

Eines der wichtigsten Schlüsselworte im Religionssystem der „Heiligen der Letzten Tage" ist der Begriff „Evangelium", wobei hiermit etwas ganz anderes gemeint ist als das, was die christlichen Kirchen und Freikirchen darunter verstehen. Mormonen glauben, daß es aus all jenen Gesetzen, Prinzipien, Riten, Lehren, Handlungen und Vollmachten besteht, die zur Vergöttlichung („Erhöhung") des Menschen in der jenseitigen Welt nötig sind.

Mormonischer Lehre zufolge setzt sich dieses „Evangelium“ aus zwei Teilen zusammen, die jeweils den beiden (im vorigen Abschnitt beschriebenen) Priestertümern zugeordnet sind. Das Verhältnis der beiden – „vorbereitendes Evangelium“ und „Fülle des Evangeliums“ genannten – Teile zueinander wird so beschrieben:

> „Das vorbereitende Evangelium hat einen geringeren Anteil an der rettenden Wahrheit des Herrn, ein Anteil, der die Menschen für einen zukünftigen Zeitpunkt vorbereitet und schult, an dem die Fülle des Evangeliums empfangen werden kann, ein Anteil, der selbst noch nicht ausreicht, um Menschen das ewige Leben zu garantieren oder ihnen ein Anrecht auf die himmlische Welt zu sichern. ... Es ist ein Evangeliumssystem, das von dem niederen oder Aaronischen Priestertum verwaltet wird.
>
> Wenn man jedoch die Vollmacht besitzt, den Heiligen Geist zu spenden, eine Vollmacht, die für Träger des Melchizedekischen Priestertums reserviert ist, dann wird die Fülle des Evangeliums offenbar. Johannes der Täufer verwaltete das vorbereitende Evangelium; Christus kam dann mit der Fülle des Melchizedekischen Priestertums und stellte die Fülle des Evangeliums wieder her“ (Bruce McConkie, Mormon Doctrine, S. 338).

Zum „vorbereitenden Evangelium“ gehört inhaltlich neben Buße, Taufe und Sündenvergebung auch das „Gesetz der fleischlichen Gebote“ (LuB 84,27), während die „Fülle des Evangeliums“ alle Gesetze, Lehren und Riten umgreift, die zur Vergöttlichung des Menschen nötig sind.

Mormonen gehen davon aus, daß das „Evangelium“ von Gott schon im vor-irdischen Zustand der Menschheit als Plan für deren Entwicklung und Erlösung ausgearbeitet worden war. Adam fungierte als erster Adressat des „Evangeliums“; ihm wurden sowohl die „vorbereitenden Elemente“ (Buße, Sündenvergebung und Taufe) als auch die „Fülle“ (Empfang des Heiligen Geistes und geheimer Rituale) übermittelt. Damit begann die erste, die „Adamitische Dispensation“. Im Laufe der Zeit habe es nun einen häufigen Wechsel zwischen Übermittlung des „Evangeliums“ einerseits und dem entsprechenden „Abfall vom Glauben" andererseits gegeben.

Folgende „Dispensationen" werden von den Mormonen genannt: die des Adam, Enoch, Noah, Abraham, Mose und der neutestamentlichen Apostel sowie diejenige des „Propheten" Joseph Smith. Die Reaktion Gottes auf den „Abfall" vom „Evangelium" war jedesmal die Wegnahme des Priestertums, das für die nachfolgende Dispensation dann stets „wiederhergestellt" werden mußte.

Zuletzt und endgültig geschah dieses 1829 in Nordamerika, als Gott durch Joseph Smith die „Dispensation der Fülle der Zeiten" begründete. Da nun das „Aaronische-" und das „Melchizedekische-Priestertum" wieder auf Erden sind, kann das „Evangelium" in seinen beiden Teilen vollmächtig gepredigt und „verwaltet" werden, die „Fülle des Evangeliums" jedoch ausschließlich im Zusammenhang mit den Tempelritualen.

Der „Plan der Erlösung"

Wenn es in den religiösen Schriften der Mormonen um Charakteristika ihrer Religion geht, ist immer auch von einem „Plan der Erlösung" die Rede; an einer Stelle heißt es sogar, daß „Mormonismus" und „Plan der Erlösung" identisch seien. Den Abhandlungen der betreffenden Autoren ist folgendes Denkmodell zu entnehmen:

Jeder Mensch existierte vor seinem irdischen Leben als Geistfunken in einer göttlich-spirituellen Sphäre, wo er von „Gott" gemeinsam mit einer „himmlischen Mutter" aus der Materie ewiger Intelligenz erschaffen worden war. Die Bestimmung der Geist-Kinder ist es nun, den Entwicklungsstand ihres göttlichen Erzeugers zu erreichen, was nach dem „Gesetz des immerwährenden Fortschritts" nur durch das positive Absolvieren einer physisch-irdischen Existenz möglich ist. Am Ende steht die Rückkehr in das „Reich Gottes" mit eventueller „Erhöhung" in seine Gegenwart.

Diesen „Plan der Erlösung", einschließlich des dazu notwendigen Helfers Jesus Christus, hatte Gott in allen Einzelheiten schon vor Grundlegung der Erde fertiggestellt; es fehlte aber noch die wichtigste Voraussetzung für dessen Gelingen, nämlich die „Organisierung" einer „sterblichen Welt" als Bewährungsfeld für die Geist-Kinder. Als dieses realisiert war, wurden Adam und Eva auf die Erde gebracht, um die Ur-Eltern aller irdisch-menschlichen Wesen zu werden. Ihre anfängliche Unsterblichkeit mußten sie jedoch zunächst durch das Übertreten eines göttlichen Gebotes ablegen, was positive und negative Folgen hatte.

Die positiven bestanden darin, daß die Menschen in die Lage versetzt wurden, sich zu vermehren und Freude zu empfinden. Seitdem werden nun den im vorirdischen Dasein wartenden Geistfunken die materiellen Körper verschafft, mit und in denen sie die notwendigen Erfahrungen sammeln und geistig-moralische Fortschritte machen können.

Die negativen Folgen des Sündenfalls betreffen die Sterblichkeit selbst: Für jeden Menschen gibt es seither ein unausweichliches Ende seiner irdischen Laufbahn durch den Tod, der den unsterblichen Geistfunken vom Körper trennt. Der Leichnam wird ins Grab gelegt, der Geist aber gelangt in ein Zwischenreich, wo eine erste Begutachtung der ankommenden Geister vorgenommen wird. Die Rechtschaffenen kommen in das „Paradies", wo sie den Frieden genießen, an Weisheit zunehmen und sich von aller Mühe ausruhen. Dieses ist auch der Ort, den Jesus dem bußfertigen Mitgekreuzigten versprach (Lukas 23,43). Die Bösen dagegen werden in die Finsternis hinausgestoßen, wo Satan seine Herrschaft ausübt.

Damit dieser körperlose Zustand aber nicht in alle Ewigkeit dauern muß, ist – dem „Plan der Erlösung" zufolge – Jesus Christus eine wichtige Aufgabe zugedacht. Durch dessen Sühnopfer wird allen Menschen zur Auferstehung verholfen, d. h. sie werden „erlöst". Der Vorgang der Auferstehung führt die einzelnen Geistwesen wieder mit ihren materiellen Körpern zusammen:

„Die Urstoffe, aus denen der sterbliche Leib besteht, sind unvergänglich, sie hören nicht auf zu bestehen, sondern werden am Tag der Auferstehung wieder zusammengeführt werden: Bein zu Bein und Fleisch zu Fleisch; der Leib wird so hervorkommen, wie er bestattet worden ist, denn im Grab gibt es kein Wachstum, keine Entwicklung. ..." (in: Das Evangelium mit anderen teilen, S. 103).

Mit der Ermöglichung einer solchen „Auferstehung" für alle Menschen ist der Auftrag Jesu Christi erfüllt; der „Plan der Erlösung" umfaßt aber noch mehr. Jetzt erst erfolgt die eigentliche Prüfung, das „Letzte Gericht", dem sich alle stellen müssen. Die Auferstandenen werden nach ihren Werken beurteilt und anschließend in drei verschiedene „Grade der Herrlichkeit" eingeordnet. Wer sich für die oberste Stufe des wiederum drei Abstufungen enthaltenden höchsten Grades qualifiziert hat, gilt nicht nur als „erlöst", sondern als „erhöht": Er ist ein Gott geworden.

Kenntnis von den „drei Graden der Herrlichkeit" einschließlich den dazugehörigen Aufnahmebedingungen will Joseph Smith durch eine „Offenbarung" erlangt haben, die er auf den 16. Februar 1832 datierte (LuB 74). Diese „Offenbarung" charakterisierte Melvin Ballard (1873–1939), ein ehemaliger Mormonen-„Apostel", mit folgenden überschwenglichen Worten:

„Die größte Offenbarung, die der Herr Jesus Christus den Menschen je gegeben hat ... Viele Jahre lang wurde sie als ‚Die Vision' bezeichnet und ist als solche auch heute noch bekannt. Meiner Überzeugung nach ist sie der Höhepunkt. Höhepunkt all der wunderbaren Offenbarungen, die vom Herrn seit den Tagen Adams bis in die Gegenwart hinein gekommen sind" (Three Degrees of Glory, S. 4).

Die „Drei Grade der Herrlichkeit" werden, gemäß LuB 76, von unten nach oben als „Telestiale" (unterirdische), „Terrestriale" (irdische), und „Celestiale" (himmlische) Herrlichkeit bezeichnet und bestehen jeweils wiederum aus mehreren Abteilungen. In die „Telestiale Herrlichkeit" kommen diejenigen, „die weder das Zeugnis Jesu, noch das Evangelium, noch die Propheten, noch den ewigen Bund annehmen" (V. 101); „... es sind die Lügner und Zauberer, die Ehebrecher und Hurer, ... (V. 103). Auf der „terrestrialen" Stufe wird man jene finden, „... die ohne Gesetz gestorben sind" (V. 72); „... diejenigen, die das Zeugnis Jesu nicht im Fleische, sondern erst später annahmen; solche, die auf Erden ehrenhafte Menschen waren, aber durch Menschenlist verblendet wurden" (V. 74f). Ein Anrecht auf die „Celestiale Herrlichkeit" erwerben sich ausschließlich die „Heiligen der Letzten Tage", von diesen wiederum gelangen nur die ‚Tempelmormonen' auf die oberste Stufe dieser höchsten „Herrlichkeit".

Joseph Smith „offenbarte" weiterhin, daß die Bewohner der einzelnen Stufen unterschiedliche Körper, also solche „telestialer", „terrestrialer" und „celestialer" Struktur haben würden und daß ein späterer Aufstieg in höhere Grade nicht mehr möglich sei, wenn die Einordnung in die unteren Bereiche erst einmal vorgenommen wäre. Dem fügte M. Ballard hinzu, daß die Inhaber der „celestialen Herrlichkeit" auf der Erde leben und alles von früher her wiedererkennen würden. Jeder von ihnen bekäme einen weißen, „Urim und Thummim" genannten Zauberstein, der Anteil an der Macht Gottes verleihe und mit dem man sowohl die Verhältnisse in den unteren „Graden der Herrlichkeit" erforschen als auch im gesamten Weltall „lesen" könne (Ballard, aaO., S. 14). Die Bewohner der höchsten Stufe existierten in enger Gemeinschaft mit Gott und Jesus Christus und könnten die Menschen in den unteren Bereichen besuchen, was umgekehrt nicht möglich sei, da deren Körper aufgrund anderer Faser- und Gewebestrukturen die „himmlische Herrlichkeit" nicht ertrügen (ebd., S. 28).

Die Verbindung zwischen solchen Spekulationen und der Funktion des Mormonen-Tempels stellte unter anderem James Talmage her:

> „Die Erhöhung im Reich Gottes setzt das Erreichen der Stufen im heiligen Priestertum voraus, und damit steht die Zeremonie des Endowment in unmittelbarem Zusammenhang" (Das Haus des Herrn, S. 68f).

Aus diesem Satz wie aus vielen ähnlichen Formulierungen geht sehr deutlich hervor, daß der „Plan der Erlösung“ und die Tempelzeremonien eng zusammenhängen, mehr noch: Die Teilnahme am „Endowment“ und den verschiedenen „Siegelungen“ wird als *die* entscheidende Voraussetzung für die „Erhöhung im Reiche Gottes“ betont.

Wenn Mormonen von „Erlösung“ und „Erhöhung“ sprechen, tun sie es meist so, daß sie die dazu notwendigen Bedingungen beschreiben. Damit meinen sie die „Werke“ des Menschen, die dem „Sühnopfer“ Jesu Christi erst zu seiner vollen Gültigkeit verhelfen, da es im wesentlichen auch noch vom einzelnen Gläubigen sowie seinem Tun und Lassen abhängt, ob das Ziel auch wirklich erreicht wird. Zu den „Werken“ sind etwa folgende Elemente zu zählen: Bekehrung zum Mormonismus, falls man nicht als „Heiliger der Letzten Tage“ geboren wurde; Empfang der mormonischen Taufe und des „Hl. Geistes“ durch das entsprechende Priestertum; Heiraten und Gründung einer Familie, verbunden mit dem Empfang der diesbezüglichen „Segnungen“ und „Siegelungen“ im Tempel; Teilnahme an den Tempelzeremonien und Einhalten der dort übergebenen „Gesetze“ und Gelübde; Anerkennung der Mormonenführer als „Seher, Propheten und Offenbarer“, sowie Befolgen aller ihrer Regeln und Anweisungen.

Anmerkung: 1 Korinther 15,40–42 wird heute noch von mormonischen Autoren gern als Beweis für die Richtigkeit der Smith'schen „Visionen“ herangezogen. Dennoch ergibt schon eine oberflächliche Betrachtung der genannten Verse, daß diese nicht das geringste mit den Spekulationen des Joseph Smith zu tun haben.

Paulus versucht hier, die Frage nach dem Wie der Auferstehung zu beantworten und das Verhältnis des sterblichen zum unsterblichen Leib zu erklären. Seine Kernaussage: Das Neue ist nicht die Wiederherstellung des Alten; es entsteht zwar aus dem Alten, wandelt sich aber zu etwas völlig anderem. Paulus verdeutlicht dies anhand eines Vorgangs aus der Natur: So wie ein Samenkorn gesät wird und ein Gewächs ganz anderen Aussehens hervorbringt, so wird auch der natürliche Leib im Tode „gesät" und danach als geistiger Leib auferweckt, der nichts mehr mit dem Verwesungsleib gemein hat. Im Gegensatz zu den Mormonen war Paulus also der Auffassung, daß Fleisch und Blut das Reich Gottes nicht ererben würden (1 Kor 15,20). Der irdische und der himmlische Leib strahlen je einen besonderen Glanz aus, weil sie Teil der Schöpfung bzw. Neuschöpfung Gottes sind; der himmlische Glanz des Auferstehungsleibes ist jedoch mit keiner menschlichen Kategorie zu erfassen.

In seiner „Offenbarung" setzte nun Joseph Smith die Begriffe aus den Versen 40 und 41 einfach in Beziehung zueinander: „himmlisch" (engl. celestial) = „Glanz der Sonne"; „irdisch" (engl. terrestrial) = „Glanz des Mondes". Für den „Glanz der Sterne" erfand er die Bezeichnung „telestial", was demnach „unterirdisch" bedeuten sollte.

Allerdings hatte der „Prophet" hier nicht erkannt, daß mit der Aussage in Vers 41 nicht irgendwelche ‚Stufen' jenseitiger Existenz, sondern der Gegensatz zwischen ‚irdischen' und ‚himmlischen' Leibern und auch, im Rückbezug auf Vers 39, die Unterschiede in der Schöpfung Gottes selbst beschrieben werden sollen. Jeder Teil der Schöpfung, wie auch immer gestaltet, hat seinen besonderen Glanz; der der Fische ist jedoch ganz anders als etwa der des Menschen, so wie sich der Glanz der Sterne von dem der Sonne unterscheidet.

Gott und Götter

Als Joseph Smith 1830 seine erste Hauptschrift, das „Buch Mormon", veröffentlichte, war er in seiner Gottesvorstellung noch stark vom biblisch begründeten christlichen Glauben der ihn umgebenden Kirchen und Freikirchen geprägt. Im „Buch Mormon" wird jedenfalls zum Ausdruck gebracht, daß Gott „Geist" sei (Alma 18, 26ff) und der einzige Gott, den es gäbe (Alma 11,26ff).

Im Laufe der Jahre veränderte sich seine Lehre von Gott jedoch so radikal, daß sie mit den biblischen Aussagen nicht mehr in Übereinstimmung zu bringen war. Die entsprechenden Erkenntnisse wollte Joseph Smith durch „neue Offenbarungen" gewonnen haben.

Die erste gravierende Veränderung führte vom Monotheismus zum Polytheismus. Im Sommer 1832 hatte Smith das ihm 1830 ‚offenbarte' „Buch Moses" herausgegeben, das unter anderem einen Schöpfungsbericht enthielt. Darin hieß es: „Und ich, Gott, sprach: Es werde Licht, und es ward Licht; ... und ich, Gott, nannte das Licht Tag ..." usw. (Moses 2,3f). In dem zehn Jahre später veröffentlichten „Buch Abraham" lautete die entsprechende Passage: „Und sie, die Götter, sprachen: Es werde Licht ...; und die Götter nannten das Licht Tag ..." usw. (Abraham 4,3. 5).

Obwohl beide Bücher heute wesentliche Bestandteile der „Köstlichen Perle" bilden, also zu den „heiligen Schriften" des Mormonismus gehören, hat sich der Polytheismus des „Buches Abraham" durchgesetzt. Heute sind die Mormonen der Auffassung, daß sich die zahlreich existierenden Götter von ‚Gott' nur durch einen anderen „Entwicklungsstand" unterscheiden (vgl.: Discourses of Brigham Young, S. 22).

Die zweite gravierende Veränderung führte von der Vorstellung „Gott ist Geist" zu der Aussage: „Gott ist ein erhöhter Mensch". Am 7. April 1844 sagte Joseph Smith in Nauvoo/Illinois in einer Ansprache:

> „Gott selbst war einst wie wir jetzt sind. Er ist ein erhöhter Mensch und sitzt auf seinem Thron in jenen Himmeln. Das ist das ganz große Geheimnis. Würde der Schleier heute zerrissen und der erhabene Gott, der die Welt in ihren Bahnen hält ... sich sichtbar machen; ich sage, wenn Sie ihn heute sehen könnten, dann würden Sie ihn in der Gestalt eines Menschen sehen – in Person, Erscheinung und Gestalt dem Menschen ähnlich. Denn Adam wurde im Ebenbild Gottes erschaffen und erhielt Belehrungen von Ihm,

wandelte und redete mit ihm wie ein Mensch mit einem anderen redet und verkehrt. ... Ich werde Ihnen sagen, wie Gott Gott geworden ist. Wir haben angenommen, Gott sei von Ewigkeit her Gott gewesen. Ich werde diese Ansicht widerlegen und den Schleier wegnehmen, damit Sie selber sehen können" (in: Lehren des Propheten Smith, S. 291f).

Gemäß dem „Buch Abraham" residiere Gott auf einem Planeten namens Kolob, der zu einer ganzen Gruppe von Planeten gehöre, die Kokaubeam benannt würden (Abraham 3).

Die von Smith begonnene Abkehr von dem auf biblischen Aussagen beruhenden Glauben, daß Gott einzig, ewig und geistig ist, drängte die Mormonenführer zu immer weiteren Phantasien, bis sie schließlich ein alles beherrschendes Gesetz aufstellten, dem die Welt, die Menschen und selbst Gott unterworfen seien: das „Gesetz des immerwährenden Fortschritts". Sie gestehen zwar zu, daß Gott zur Zeit das höchste Wesen in unserem Teil des Weltalls sei. Er war es jedoch nicht immer, und sie halten es für „ganz logisch", daß sich Gott aufgrund dieses Gesetzes „von Anbeginn an bis auf den heutigen Tag in fortdauernder Entwicklung befunden haben muß" (John A. Widtsoe, Eine vernunftmäßige Theologie, S. 23).

Milton Reed Hunter (1902–1975), vormals Mitglied eines führenden Mormonen-Gremiums und Dozent am mormonischen „Institute of Religion" (Logan/Utah) faßte 1945 die Ergebnisse seiner Schulungskurse für das „Melchizedekische Priestertum" in dem Buch „The Gospel through the Ages" (Neuauflage 1957) zusammen. Darin erklärte er auch genauer, wie Gott zu seiner „Gottheit" gekommen war:

„Mormonenpropheten haben durchweg die erhabene Wahrheit gelehrt, daß Gott der Vater einst ein sterblicher Mensch war, der durch die Schule des irdischen Lebens gegangen ist, ähnlich der, durch die wir jetzt hindurchgehen. ... Wir müssen die Tatsache akzeptieren, daß es eine Zeit gab, zu der Gott weniger mächtig war als heute. Wie aber wurde er verherrlicht und erhöht, und wie erreichte er seinen augenblicklichen Status einer Gottheit? Zunächst hat Gott vor vielen Weltzeitaltern unzweifelhaft jede Gelegenheit genutzt, die Gesetze der Wahrheit zu lernen. ... Von Tag zu Tag setzte er kraftvoll seinen Willen ein, ... und durch ständiges Bemühen und ausdauernden Fleiß vergrößerte sich sein Wissen; in gleicher Weise nahm, durch absoluten Gehorsam, sein Verständnis der universalen Gesetze zu. So wuchs seine Erfahrung, und das ging so weiter, bis er den Status der Gottheit erreichte. Mit anderen Worten: Er wurde Gott, indem er den ewigen Gesetzen des Evangeliums völlig gehorchte. ..." (aaO., S. 114).

Gott war auch nicht der erste Gott:

„Der Prophet [Smith] lehrte, daß Gott unser Vater wiederum einen Vater hatte und so weiter. Ist das nicht ein vernünftiger Gedanke, besonders wenn wir uns an die Verheißung erinnern, daß wir wie er werden können?" (Joseph Fielding Smith, Doctrines of Salvation, Bd. I, S. 12).

Die hier angesprochene Verheißung bezieht sich auf die Vorstellung, daß auch Menschen zu Göttern werden können. Den Kernsatz dieser mormonischen Götter- und Menschenlehre hatte Lorenzo Snow (1814–1901), fünfter „Prophet", im Anschluß an die Vorstellung von Gott als einem „erhöhten Menschen" so formuliert:

„Wie der Mensch ist, war Gott einst; wie Gott ist, kann der Mensch einst werden" (in: Millenial Star, Vol. 54, S. 404, Juni 1840).

Der mormonische Christus

„Christen in aller Welt erkennen Christus als Gründer ihres Glaubens und als den größten Menschen an, der je gelebt hat. Aber damit endet auch schon die Einheit des Glaubens über ihn und seine Lehren." So beginnt ein Traktat mit dem Titel „Was die Mormonen von Christus denken", und man hat das Gefühl, daß sie selbst mit ihren sonderbaren Lehren wesentlich zum Wahrheitsgehalt dieses Satzes beigetragen haben. An anderer Stelle heißt es: „Es gibt auch heute noch Menschen, die der Ansicht sind, daß die Mormonen nicht an Christus glauben. ... Es gibt nichts, was von der Wahrheit weiter entfernt sein könnte."

Nun finden sich in der Mormonen-Literatur tatsächlich Aussagen über Jesus Christus, die – für sich genommen – den Eindruck erwecken, als stimme die mormonische Lehre über Christus mit der Bibel überein. Dieser Eindruck täuscht jedoch, denn es gibt eine ganze Reihe von Ansichten über ihn, die aus zweifelhaften Offenbarungsquellen stammen und mit dem biblischen Zeugnis nichts zu tun haben.

Jesus Christus wurde, wie alle anderen Menschen auch, in der Präexistenz von Gott und einer „himmlischen Mutter" aus dem Stoff „ewiger, reiner Intelligenz" als Geistwesen gezeugt. So kann Milton R. Hunter sagen:

> „Jesus ist der geistliche Bruder des Menschen. Wir lebten mit ihm zusammen in der geistigen Welt als Mitglieder der großen Gemeinschaft ewiger Intelligenzen, eingeschlossen unsere Himmlischen Eltern und alle Personen, die sterbliche Wesen auf dieser Erde geworden sind oder noch auf diese Erde kommen werden. Als wir durch jenen Vorgang der Erschaffung der Geistwesen Kinder Gottes wurden, war Jesus der ‚Erstgeborene', und so ist er unser älterer Bruder" (aaO., S. 21).

Am deutlichsten wird das, „Was die Mormonen von Christus denken", wenn man anhand sekteneigener Schriften den ‚Werdegang' Jesu Christi verfolgt; die einzelnen Phasen: (1) zunächst ‚Geistwesen im Himmel', dann (2) unter der Bezeichnung ‚Jehova' Mitwirkender an der Formung der Erde aus der vorhandenen, aber ungestalteten Materie, (3) irdische Existenz mit Tod und Auferstehung, (4) erster Besuch in Amerika und (4) schließlich (in absehbarer Zeit) Wiederkunft und endgültiger Wohnsitz auf dem amerikanischen Kontinent.

Alles habe damit begonnen, so erfährt man, daß „Gott" eines Tages im Himmel eine Konferenz abhielt, an der alle ‚Geistwesen' teilnahmen. Er wollte ihnen seinen Plan zur künftigen Erlösung der Menschen bekanntgeben und jemanden mit der Durchführung dieses Planes beauftragen. „Wen soll ich senden ...?" fragte er. „Wer will hinuntergehen ..., um das große Sühneopfer zu vollbringen, durch das alle Menschen Unsterblichkeit und ewiges Leben erlangen werden?" Es meldeten sich zwei ‚Geistwesen', Christus und Luzifer. Christus sagte: „Hier bin ich; sende mich, ich will dein Sohn sein. Ich werde deinem Plan folgen." Luzifer jedoch versuchte, den Plan Gottes und die Ziele der Erlösung in eine andere Richtung zu lenken: „Siehe, hier bin ich, sende mich", so sagte er, „ich will dein Sohn sein und alle Menschen erlösen. ... Gib aber mir dafür die Ehre." Gott entschied sich für Christus. Daraufhin verließ Luzifer mit einem Drittel der ‚Geistwesen' den Himmel und wurde zum Teufel (vgl.: Sandra Tanner, The Bible and Mormon Doctrine, S. 6).

Das ‚Geistwesen' Christus aber bekam einen menschlichen Körper (gezeugt von Gott als Vater, geboren von Maria als Mutter), um sein Erlösungswerk an den gefallenen Menschen zu tun. Dieses Erlösungswerk Christi reicht jedoch, wie schon im Abschnitt *„Plan der Erlösung"* (S. 51) erwähnt, nicht aus, um als glaubender Mensch in die Gegenwart Gottes zu gelangen und ewiges Leben zu haben. Man muß daneben noch eine ganze Reihe von (mormonischen) Prinzipien und Gesetzen beachten sowie Verordnungen und Rituale erfüllen, um das genannte Ziel zu erreichen.

Auch Jesus Christus unterlag diesen gleichen Bedingungen, hatte als ‚Erstgeborener' aber bessere Ausgangschancen.

> „Dadurch, daß er der Wahrheit gehorchte, erreichte er die absolute Spitze der Intelligenz und wurde, noch in der Präexistenz, zu einem Gott" (B. McConkie, Mormon Doctrine, S. 129).

Nach seiner Fleischwerdung mußte er allerdings wieder an sich arbeiten, denn ohne daß auch er sich an die „ewigen Gesetze" gehalten hätte, wäre ihm die Rückkehr in den „erhöhten Zustand seiner Präexistenz" nicht möglich gewesen (ebd., S. 71). In seinem irdischen Leben hatte er „die Fülle" noch nicht; er schritt aber „von Gnade zu Gnade" voran, bis ihm durch seine eigene Auferstehung „Die Fülle aller Dinge" gegeben wurde (ebd., S. 129).

Ein letztes Ereignis im Zusammenhang mit dem Wirken Christi steht nun noch aus: seine endgültige Rückkehr aus dem Himmel auf die Erde. Die Anzeichen für dieses zweite Kommen Christi glauben die Mormonen heute schon deutlich zu erkennen. Gott habe „seine Kirche wiederhergestellt", „Priester amtieren in Vollmacht", und „Propheten empfangen göttliche Offenbarungen". Das (mormonische) „Evangelium" wird „der ganzen Welt" verkündet, und in den Tempeln werden Verordnungen für die Lebenden und die Toten vollzogen.

Der Heilige Geist

In der Lehre vom Heiligen Geist unterscheiden die Mormonen zwischen „Holy Ghost" und „Holy Spirit". Der „Holy Ghost" gehört demnach als Person zur „Dreiheit" von Vater, Sohn und Hl. Geist, während der „Holy Spirit" die göttliche Kraft ist, die von der „Dreiheit" ausgeht und auch als „Geist Gottes", „Geist der Wahrheit", „Geist der Weisheit", „Paraklet" usw. bezeichnet werden kann.

Der Mormonen-‚Theologe' James E. Talmage (1862–1933) schrieb in seinem Standardwerk „Die Glaubensartikel":

> „Der Heilige Geist (Holy Ghost) ist mit dem Vater und dem Sohn in der Gottheit verbunden. ... Er ist ein mit den Eigenschaften und Kräften der Gottheit ausgestattetes Wesen und nicht bloß ein Ding, eine Kraft oder ein seelenloses Etwas. ... Ohne Zweifel besitzt der Heilige Geist persönliche Kräfte und Empfindungen, ... dennoch besitzt er nicht einen Körper von Fleisch und Bein wie der Vater und der Sohn, sondern er ist eine Person aus Geist. ... Es ist klar, daß Ausdrücke wie ‚mit dem Heiligen Geist (Holy Spirit) erfüllt sein' usw. Bezug haben auf die Kräfte und Einflüsse, die von Gott ausgehen und die für Ihn kennzeichnend sind, denn in dieser Weise kann der Heilige Geist (Holy Spirit) zu gleicher Zeit auf viele Menschen wirken, auch wenn sie räumlich weit voneinander getrennt sind. Die Person des Heiligen Geistes (Holy Ghost) aber kann zu einer Zeit nur an einem Ort sein" (aaO., S. 163ff).

Im Anschluß an die mormonische Taufe wird der „Heilige Geist" gespendet; darunter verstehen die Mormonen „das Übertragen des Anrechts auf Seine Dienste", was „unter Auflegung der Hände des oder der Amtierenden Kraft der besonderen Vollmacht des Priestertums" geschieht. „Die Vollmacht, den Heiligen Geist zu spenden, gehört dem höheren oder Melchizedekischen Priestertum." Die Dienste des Geistes bestehen darin, „den menschlichen Sinn zu erleuchten und zu veredeln, die Seele zu reinigen und zu heiligen, die Menschen zu guten Werken anzuspornen und die Dinge Gottes zu offenbaren" (Talmage, aaO., S. 109ff).

Trinität

Mormonen lehnen die christliche Lehre von der Trinität ab. In einer kleinen Abhandlung mit dem Titel „Are Mormons Christian?" schreibt der Mormonen-„Apologet" Bill Forrest:

> „Mormonen akzeptieren das trinitarische Dogma von Gott nicht. Sie finden diese Lehre nicht in der Bibel und glauben auch nicht, daß Gott von seinen Nachfolgern erwartet, dieser sehr späten Entwicklung in der Theologie zuzustimmen. Ich beziehe mich dabei natürlich auf die Lehre, daß Gott eine unteilbare Wesenheit ist, die sich in drei Personen manifestiert. ... Gelehrte wissen, daß das Trinitäts-Dogma eine späte, nach-neutestamentliche Entwicklung ist. ... Darauf zu bestehen, daß der Glaube an die Trinität eine Voraussetzung dafür ist, Christ zu sein, heißt doch anzunehmen, daß in den Jahrhunderten nach Abschluß des Neuen Testamentes Tausende von Nachfolgern Jesu keine ‚Christen' waren" (Faltblatt-Serie „Mormon Miscellaneous", Februar 1982).

Die ‚kirchenamtliche' mormonische Formulierung der „Trinität" lautet bei McConkie:

> „Drei verklärte, erhöhte und vollendete Personen-Wesen bilden die Gottheit oder höchste Präsidentschaft des Universums. ... Obwohl jeder Gott in der Gottheit ein Personen-Wesen ist, getrennt und unterschieden von den anderen, sind sie doch ‚ein Gott' in der Bedeutung, daß sie vereint

sind in den Eigenschaften der Vollendung; z. B. hat jeder die Fülle der Wahrheit, des Wissens, der Liebe, der Macht ...; dennoch sind sie drei getrennte und unterschiedene Einzelwesen. Jedes von ihnen füllt einen bestimmten Raum aus und kann zu einer Zeit nur an einem Ort sein. ... Das Einssein der Götter ist dieselbe Einigkeit, die auch unter den Heiligen herrschen sollte" (Mormon Doctrine, S. 319).

Organisation und Statistik

Als Joseph Smith 1844 erschossen wurde, sagte man der neuen Bewegung, die damals etwa 40 000 Mitglieder zählte, ein schnelles Ende voraus. Das Gegenteil war der Fall. Innerhalb von 117 Jahren (1830–1947) wuchs die Mitgliederzahl auf eine Million an. 1963 gab es schon zwei und 1971 drei Millionen Anhänger des Mormonismus. Heute (1994) sind es 8,9 Millionen. Dieses Wachstum ist, neben dem Kinderreichtum, ein Ergebnis der weltweiten, intensiven Werbetätigkeit sogenannter „Vollzeitmissionare", die 18 Monate ihres Lebens (früher waren es zwei Jahre) der Mormonengemeinschaft zur Verfügung stellen, um in den ihnen zugewiesenen Missionsgebieten zu wirken.

Hauptverbreitungsgebiet der Gemeinschaft sind nach wie vor die Vereinigten Staaten. Andere Weltgegenden weisen jedoch ebenfalls beachtliche Mitgliederzahlen auf, z. B. Lateinamerika, Europa oder Australien/Südpazifik. Afrika, das bisher keine große Rolle spielte, wird (nach der „neuen Offenbarung" über die „Neger") für die Mormonen zunehmend an Bedeutung gewinnen.

In Deutschland ist, trotz größter missionarischer Anstrengung, eine gewisse Stagnation zu beobachten. 1994 bekannten sich hier etwa 36.000 Menschen zum Mormonismus (Österreich ca. 3000, Schweiz 6700).

Die Gemeinschaft ist streng priesterlich-hierarchisch gegliedert. An der Spitze steht ein Präsident, der mit seinen beiden „Ratgebern" die „Erste Präsidentschaft" bildet:

„Auf diesen Dreien ruht die Verantwortung, das Gottesreich auf Erden zu leiten“ (in: Lehren der Lebenden Propheten, S. 23f).

Joseph Fielding Smith erklärte während der „Generalkonferenz“ im April 1972 (als damaliger Präsident) dazu:

„Wir tragen das heilige Melchizedekische Priestertum: Es ist die von Gott den Menschen auf Erden übertragene Kraft und Vollmacht, in allem zu handeln, was die Errettung des Menschen betrifft. Außerdem haben wir die Schlüssel des Reiches Gottes auf Erden inne, nämlich die der Kirche Jesu Christi der Heiligen der Letzten Tage“ (ebd., S. 23).

Zu den obersten Leitungsorganen gehört außerdem das „Apostel“-Kollegium („Rat der Zwölf“), das aus seiner Mitte den jeweils nächsten Präsidenten wählt. Zur Berufung eines „Apostels“ schrieb J. F. Smith:

„Jeder Mann kann durch das Priestertum und die Gabe des Heiligen Geistes ein Zeuge Christi werden. Jeder Älteste in der Kirche sollte das ja sein, aber es gibt auch eine besondere Berufung, die die zwölf besonderen Zeugen empfangen. Diese besondere Berufung unterscheidet sie von den anderen Ältesten der Kirche bezüglich ihres Auftrags, Zeugnis zu geben. Diese zwölf Männer haben alle Vollmacht, alle Schlüssel und das Priestertum inne, um den Weg für die Evangeliumsverkündigung bei allen Nationen, Geschlechtern und Sprachen zu eröffnen“ (Doctrines of Salvation, Bd. III, S. 146).

Jeder „Apostel“ betreut ein Hauptarbeitsgebiet der Gemeinschaft: Jugend, Ausbildung, Mission, Finanzen, Wohlfahrt, Bautätigkeit usw. Alles geschieht jedoch „auf alleinige Weisung der Ersten Präsidentschaft“. Wenn die „Apostel“ in deren Namen unterwegs sind und Aufträge ausführen, „so sind sie als Propheten, Seher und Offenbarer jedoch berechtigt, vom Heiligen Geist die nötige Offenbarung und Führung dazu zu empfangen“ (in: Lehren der lebenden Propheten, S. 29).

Die „Erste Präsidentschaft“ und der „Rat der Zwölf“, zusammen auch als „The Big Fifteen“ bezeichnet, treffen sich jeden Donnerstagmorgen um 10 Uhr im „Oberen Saal“ des

Tempels in Salt Lake City, um zu beraten und „vom Herrn ihre Weisungen zu empfangen".

Weitere Führungsaufgaben in der weltweiten Organisation nehmen der „Rat der Siebziger" (eine Art Missionskomitee) und die „Präsidierende Bischofschaft" wahr. Die Mitglieder all dieser Spitzengremien werden von den Mormonen als „Generalautoritäten" bezeichnet. Das Organisationsprinzip („Präsidenten", „Räte", „Ratgeber", „Kollegien", usw.) wird auf allen Strukturebenen der „Kirche" bis hinunter zur Ortsgemeinde exakt wiederholt.

Wenn die zahlenmäßigen und verwaltungstechnischen Voraussetzungen gegeben sind, bilden mehrere Gemeinden einen „Pfahl" (vgl. Jesaja 33,20 und 54,2), sonst eine „Mission". Die Mormonen in Deutschland gehören zur Zeit (1994) zu zwölf „Pfählen" sowie zu sechs „Missionen".

Seit dem 1. Juli 1984 weist die „Kirche Jesu Christi der Heiligen der letzten Tage" eine neue geographische Verwaltungsstruktur auf. Die ganze Welt wurde damals in 13 „Hauptgebiete" eingeteilt; zur Zeit (1994) sind es 22, die jeweils einer aus drei Personen bestehenden „Gebietspräsidentschaft" unterstehen. Deren Aufgabe soll es sein, die Angelegenheiten der „Kirche" in ihrem Gebiet selbständig zu regeln. In den USA und Kanada gibt es 8, in der übrigen Welt 14 Regionen. Das „Hauptgebiet Kontinentaleuropa" wird von Frankfurt/M. aus verwaltet.

Mormonen in Deutschland

Nachdem einige Missionare die Lehre von der „wiederhergestellten Kirche" schon 1837 nach Großbritannien gebracht hatten, erreichte das Mormonentum 1850 auch das europäische Festland. Die strukturierte Mission begann fast gleichzeitig in der Schweiz, in Italien und in Deutschland, hier durch „Apostel" John Taylor (1808–1887), der später (von 1880–1887) als dritter Präsident der Mormonen-Gemeinschaft amtierte.

Am 15. September 1851 ließen sich die ersten beiden Deutschen in Hamburg von dem Amerikaner George Parker Dykes in der Elbe mormonisch taufen. Ein halbes Jahr später, im April 1852, wurde in Hamburg die „Deutsche Mission" organisiert und am 1. August am gleichen Ort die erste, zwölf Mitglieder umfassende Gemeinde gegründet. 1852 erschien auch das „Buch Mormon" in deutscher Sprache.

Die erste Missionspräsidentschaft in Deutschland übernahm der in Pennsylvania geborene deutschstämmige Daniel Carn, der in den 40er Jahren „Bischof" einer Gemeinde deutscher Auswanderer in Nauvoo/Illinois gewesen war. 1868 wurden die „Schweizerische Mission" (490 Mitglieder in neun Gemeinden) und die „Deutsche Mission" (27 Mitglieder in zwei Gemeinden) zur „Schweizerisch-Deutschen Mission" zusammengelegt, die in dieser Form bis 1904 bestand.

Um die Jahrhundertwende, nach knapp 50 Jahren Werbetätigkeit, gab es nicht mehr als ca. 1200 Anhänger des Mormonismus in Deutschland, die zu 35 Gemeinden gehörten. Dabei ist allerdings zu beachten, daß in diesem Zeitraum einige Tausend Neubekehrte nach Amerika ausgewandert waren.

Im Jahr 1933 wurden in Deutschland, Österreich und der Schweiz insgesamt 14.300 „Heilige" gezählt; 1939 waren es allein in Deutschland 15.600. Während der Zeit des Nationalsozialismus konnten die amerikanischen Missionare ihre Tätigkeit nur sehr beschränkt ausüben. Traktate durften nicht verteilt und bestimmte Bücher nicht verkauft werden. Das Buch etwa von James E. Talmage „Die Glaubensartikel" mit seinen zahlreichen Verweisen auf „Zion" und „Israel" war verboten.

Im April 1939 fürchtete das Hauptquartier in Salt Lake City um die Sicherheit der Missionare in Deutschland und der Tschechoslowakei und evakuierte sie innerhalb weniger Tage nach Dänemark und Holland. Bis Dezember 1941 bestanden noch offizielle Kontakte zwischen den deutschen

„Heiligen" und ihrer Zentrale in den USA. Danach liefen die Verbindungen über die Schweiz und brachen dann für längere Zeit ganz ab. Den Machthabern in Deutschland war der Mormonismus als „amerikanische Institution" immer verdächtiger geworden. Die Konvertitenzahlen betrugen während des Zweiten Weltkrieges nur noch ca. 100 pro Jahr; davor waren es einige Hundert jährlich gewesen.

Erkennbaren Widerstand gegen den Nationalsozialismus hat es nur vereinzelt gegeben, wie z. B. im Fall der vier 16- bis 17jährigen Hamburger Mormonen um Helmuth Hübner, die 1941 Anti-Hitler-Traktate verfaßten und verteilten. Hübner wurde in Berlin-Plötzensee hingerichtet, die anderen erhielten hohe Freiheitsstrafen.

Die meisten Mormonen versuchten, ein unauffälliges Leben zu führen. Sie anerkannten zwar, daß es ehrenhaft sei, in Opposition zu Hitler zu *sterben*, meinten aber, daß es noch ehrenhafter sei, für eine große Sache zu *leben*, nämlich für den Mormonismus.

Nach dem Krieg konnte die Werbetätigkeit wieder beginnen, allerdings ganz unterschiedlich im Westen und im Osten Deutschlands. In der Bundesrepublik gab es keine Behinderungen. Missionare waren unterwegs, Gemeinden und „Pfähle" wurden gegründet: Der Mormonismus etablierte sich erneut. Im April 1973 trafen sich über 12.000 „Heilige" aus Kontinental-Europa in München zur ersten „Gebiets-Generalkonferenz" (unter Leitung der „Ersten Präsidentschaft"), und im August 1976 kamen fast 10.000 Mormonen aus den deutschsprachigen Ländern in Dortmund zu einer ähnlichen Veranstaltung zusammen.

In der (ehemaligen) DDR waren die Mormonen als Religionsgemeinschaft zwar auch anerkannt (andere, wie die „Christliche Wissenschaft" und die „Zeugen Jehovas" waren verboten), die äußeren Bedingungen waren jedoch sehr schlecht. Für die etwa 4000 „Heiligen" gab es kaum Organisationsstrukturen, keine effektive Öffentlichkeitsarbeit, keinen Tempel, keine Missionare und nur selten Besuche von „Generalautoritäten" aus Salt Lake City.

Die Lage verbesserte sich erst Anfang der 80er Jahre. Aufgrund eines besonderen Bauprogramms (das entsprechend für alle anerkannten Kirchen und Freikirchen, Sondergemeinschaften und Sekten galt) erhielten die Mormonen zu dieser Zeit die Genehmigung, mit Hilfe amerikanischer Gelder Gemeindehäuser zu renovieren bzw. neu zu bauen und in Freiberg/Sachsen einen kleinen Tempel zu errichten, der der einzige im ganzen Ostblock blieb. Am 29. Juni 1985 wurde er eingeweiht.

Ende Oktober 1988 kam es in Ost-Berlin zu einer intensiven Begegnung zwischen einer Delegation ranghoher amerikanischer und deutscher Mormonen-Führer auf der einen und dem Staatsratsvorsitzenden Erich Honecker, begleitet von seinem Staatssekretär für Kirchenfragen, auf der anderen Seite. Es wurde verabredet, daß fortan amerikanische Missionare in die DDR einreisen und solche aus der DDR „auf Mission" in andere Länder gehen durften.

Am 29. Oktober 1988 druckte die Partei-Zeitung „Neues Deutschland" auf der ersten Seite eine längere „Erklärung" der Mormonen-Führung in der DDR ab, in der es unter anderem hieß:

> „Sehr geehrter Herr Vorsitzender des Staatsrates, gestatten Sie uns, Ihnen für die Ermöglichung der Begegnung recht herzlich zu danken. Wir achten Sie als Repräsentanten unserer Heimat, unseres Staates, mit dem wir uns identifizieren, in dem wir leben und arbeiten, in dem wir glücklich sein können. Die Mitglieder der Kirche wissen es zu schätzen, daß in der DDR durch eine auf die Einhaltung des Weltfriedens und der Völkerverständigung gerichtete Politik die Voraussetzungen dafür geschaffen werden, und daß Sie als Staatsmann mit Ihrem hohen persönlichen Einsatz immer wieder dazu beitragen, auf diesem Wege voranzuschreiten. ... In der Deutschen Demokratischen Republik sind alle Bürger in ihrem Bekenntnis gleichermaßen geschützt. Gleichberechtigung aller religiösen Überzeugungen ist erklärtes Grundanliegen der Staatspolitik in Kirchenfragen. Das umfangreiche Bauprogramm der Kirche in mehreren Städten unseres Landes ist ein sichtbares Beispiel, und die Mitglieder sind dankbar dafür, besonders, wenn sie an

die Geschichte der Kirche im Kaiserreich und in der Zeit des Faschismus denken. ... Großzügige Regelungen tragen dazu bei, daß Gottesdienst und Seelsorge gemäß den Glaubensgrundsätzen unserer Kirche auf hohem Niveau durchgeführt werden können. Das wiederum befähigt die Gemeindeglieder, noch bessere Friedensstifter zu sein. ... Die Kirche steht grundsätzlich niemandem zur Verfügung, der bei ihr eine Plattform oder ein Dach für Opposition sucht oder um ‚Sonder- und Gruppenziele' zu verfolgen, die mit den Aufgaben der Kirche und deren erklärten Zielen überhaupt nicht in Einklang zu bringen sind. ... Die Heiligen der Letzten Tage in der DDR wissen sich an einem guten Platz. ..."

Die „Erklärung" endet mit allen guten Segenswünschen für Leben und Politik Erich Honeckers.

Nach der Wiedervereinigung am 3. Oktober 1990 stehen dem Mormonismus in Deutschland alle Möglichkeiten offen, sich ungehindert darzustellen und zu entfalten.

Mormonisches Leben – mormonischer Alltag

Die Mormonen-Gemeinschaft pflegt im Alltag eine optimistische, dem Diesseits zugewandte Religion, die sich an das Motto aus 2. Nephi 2,25 hält: „Menschen sind, daß sie Freude haben können".

Im Gegensatz zu anderen, weltverleugnenden Gruppen wird das Leben in mormonischen Gemeinden auch von Geselligkeit, Festen und Tanzparties mitbestimmt:

„Man würde nicht vermuten, daß es sich hier um kirchliche Veranstaltungen handelt. Der einzige Hinweis hierauf ist ein Anfangsgebet und die Tatsache, daß es keine alkoholischen Getränke gibt und nicht geraucht wird" (Faltblatt „Was sind eigentlich Mormonen?", S. 20).

Die *Mitgliedschaft* in der „Kirche Jesu Christi der Heiligen der Letzten Tage" wird *durch die Taufe* begründet und erworben. Nach mormonischer Überzeugung gehört die Taufe als „eine der wichtigsten Verordnungen“ zum „Plan der Erlösung“ und besitzt damit ‚Ewigkeitscharakter‘. In vorchristlicher Zeit wurden Adam und Eva als erste „auf den Namen des Sohnes, Jesus Christus“ getauft.

Durch die Taufe schließt der Täufling ein Bündnis mit Gott und verpflichtet sich, dessen Gebote zu halten, was jedoch nur im Rahmen der Mormonen-Gemeinschaft möglich ist. Damit erhält diese „Verordnung“ die Funktion einer ‚Eintrittskarte‘ in das „Reich Gottes“, das mit der eigenen Organisation identifiziert wird. Auf diesem Hintergrund ist auch eine Besonderheit des mormonischen Taufverständnisses zu sehen, der ‚Taufentzug‘: Verläßt jemand die „Kirche“ oder wird aus ihr ausgeschlossen, so werden ihm „die Taufe und alle damit verbundenen Segnungen“ aberkannt. Er gilt als Ungetaufter und muß bei Wiedereintritt erneut getauft werden.

Gebürtige Mormonen werden normalerweise getauft, wenn sie das achte Lebensjahr, das „Alter der Verantwortlichkeit“ erreicht haben, Konvertiten kurz nach ihrer Entscheidung, sich den „Heiligen“ anzuschließen. Die Säuglingstaufe wird strikt abgelehnt.

In dem internen „Handbuch für das Melchizedekische Priestertum“ (S. 50) werden den Täufern folgende praktische Hinweise für die Taufhandlung gegeben:

> „(a) Der Amtierende steht mit dem Täufling im Wasser. (b) Nehmen Sie die Hände des Täuflings in Ihre linke Hand. (c) Heben Sie den rechten Arm rechtwinklig hoch. (d) Nennen Sie den Täufling beim Namen und sprechen Sie das Taufgebet: ‚Beauftragt von Jesus Christus, taufe ich dich im Namen des Vaters, des Sohnes und des Heiligen Geistes. Amen‘ (LuB 20, 73). (e) Stützen Sie den Täufling mit der rechten Hand oben im Rücken und tauchen Sie ihn vollständig unter. (f) Helfen Sie ihm aus dem Wasser“.

Gleich im Anschluß an die Taufe vollziehen zwei Vertreter des „Melchizedekischen Priestertums“ am Täufling die (nicht mit der evangelischen Konfirmation zu verwechselnde) „confirmation“ (LuB 35,6): Durch Handauflegung bestätigen sie ihn/sie als Mitglied der mormonischen Gemeinschaft und spenden (nach eigenem Verständnis) den „Heiligen Geist", wobei sie folgende Formel sprechen:

> „Bruder (Schwester) ..., kraft des Melchizedekischen Priestertums, das wir tragen, legen wir, deine Brüder, unsere Hände auf dein Haupt und bestätigen dich als Mitglied der Kirche Jesus Christi der Heiligen der Letzten Tage und sagen zu dir: Empfange den Heiligen Geist. Amen".

Diese „Taufe mit dem Hl. Geist" soll Erleuchtung und Heiligung, aber auch den Empfang von Geistesgaben bewirken.

Außerhalb des Mormonentums gespendete Taufen werden nicht anerkannt, da (nach Meinung der Mormonen) alle christlichen Gemeinschaften die für den Vollzug einer gültigen Taufe notwendigen „priesterlichen Vollmachten" nicht besitzen.

Anmerkung: Ein vom „Rat der Evangelischen Kirche in Deutschland (EKD)" eingesetzter Ausschuß, der aus gegebenem Anlaß Kriterien zur „Anerkennung bzw. Nicht-Anerkennung der Mormonen-Taufe als christliche Taufe" erarbeiten sollte, kam nach mehreren Sitzungen (1989) zu folgendem Ergebnis:

„Aus der offiziellen Lehre der Mormonen ergibt sich, daß bei der mormonischen Taufe die Worte ‚Vater, Sohn und Heiliger Geist' auf völlig andere Subjekte als den im biblischen Taufbefehl bezeugten Dreieinigen Gott bezogen sind. Aus diesem Grunde kann bei der mormonischen Taufe nicht von einer trinitarischen Formel gesprochen werden, womit das wesentliche Kriterium für die Gültigkeit der Taufe fehlt. Die von den Mormonen vorgenommene Handlung ist somit keine rite vollzogene christliche Taufe".

Eine der wichtigsten Veranstaltungen im Gemeindeleben ist der *Sonntagsgottesdienst mit Abendmahlsfeier*. Dem mormonischen Abendmahlsverständnis liegen nicht die entsprechenden Texte aus dem Neuen Testament zugrunde, sondern Worte, die Christus dem „Buch Mormon" zufolge zu den „Nephiten" sprach:

> „Ihr sollt es zum Gedächtnis meines Leibes tun, den ich euch gezeigt habe, und es soll dem Vater ein Zeugnis sein, daß ihr meiner allezeit gedenkt. Und wenn ihr meiner immer gedenkt, dann soll mein Geist mit euch sein" (3. Nephi 18,6ff).

Das Abendmahl wird von den „Heiligen" demnach als ‚Erinnerungsmahl' gefeiert. Gleichzeitig dient es ihnen als „Mittel zur Erneuerung der Bündnisse, die wir mit dem Herrn gemacht haben" (Talmage, Die Glaubensartikel, S. 187). Ungetaufte Kinder dürfen daran teilnehmen, um den „Bund mit Gott", den sie in der Taufe einmal schließen werden, schon hier symbolisch zu erfahren. Unbußfertige und ehemalige („vom Glauben abgefallene") Mitglieder ziehen sich durch eine Teilnahme am Abendmahl die „Verdammnis" zu (Bruce McConkie, Mormon Doctrine, S. 661).

Die Abendmahlsfeiern werden im Rahmen des Predigtgottesdienstes von zwei Vertretern des „aaronischen-" oder auch „melchizedekischen Priestertums" geleitet. Vor der Austeilung wird das in kleine Stücke zerteilte Brot gesegnet. Dabei knien die beiden Amtsträger nieder und sprechen das „Abendmahlsgebet" nach LuB 20,77:

> „O Gott, du ewiger Vater, wir bitten dich in dem Namen deines Sohnes Jesus Christus, dieses Brot zu segnen und zu heiligen die Seelen aller derer, die davon genießen, daß sie es essen mögen zum Gedächtnis des Leibes deines Sohnes, und dir bezeugen, o Gott, du ewiger Vater, daß sie willens sind, den Namen deines Sohnes auf sich zu nehmen und jeder Zeit seiner zu gedenken und seine Gebote zu halten, die er ihnen gegeben hat, daß sie seinen Geist immer mit sich haben mögen. Amen".

Da der Genuß von Wein gemäß dem „Wort der Weisheit" nicht erlaubt ist, wird stattdessen Wasser verwendet. Dieses wird ebenfalls gesegnet (Gebet mit ähnlichen Worten nach LuB 20,79) und in kleinen Gläsern ausgeteilt.

Wie in allen menschlichen Gemeinschaften gibt es auch bei den Mormonen im familiären Bereich Freude und Leid, Hochzeiten und Beerdigungen.

* Bei der *Eheschließung* unterscheidet das Mormonentum zwischen „irdischer-" und „himmlischer Ehe". Die erste unterliegt in den meisten Ländern dem Personenstandsrecht (Standesamt, Ziviltrauung) und endet mit dem Tod eines Partners. In den USA besteht die Möglichkeit, auch die zivile Trauung von einem mormonischen Amtsträger vornehmen zu lassen. In der Regel ein Jahr danach können die Eheleute im Tempel „für Zeit und Ewigkeit", d.h. über den Tod hinaus aneinander-„gesiegelt" werden. Die entsprechende Zeremonie gehört zu den streng geheimzuhaltenden Ritualen des Mormonismus.

* Bei der *Bestattung* eines Mormonen soll es schlicht zugehen, mit einer kurzen, an „Evangeliumsthemen" ausgerichteten Ansprache. Auf Wunsch der Familie kann ein Mitglied des „Melchizedekischen Priestertums" auch eine „Grab-Weihe" vornehmen. Im internen „Handbuch" (S. 53) heißt es dazu:

> „Rufen Sie den himmlischen Vater an wie beim Beten. Weihen und heiligen Sie mit der Vollmacht des Priestertums das Grab als Ruhestätte für den Körper des Verstorbenen. Sie können den Herrn im Gebet bitten, es möge dieses Stückchen Erde ein heiliger, geschützter Ort bleiben, bis der Leib wieder auferstehen wird, um mit dem Geist vereinigt zu werden. Schließen Sie im Namen Jesu Christi."

Mormonen, die an den Ritualen des Tempels teilgenommen und ihr „Endowment" erhalten haben, werden in weißer Tempelkleidung bestattet.

* Mit einem gewissen Stolz verweisen die Mormonen auf Ergebnisse von Untersuchungen und Statistiken, wonach die Mitglieder ihrer Gemeinschaft zu den *gesündesten* Volksgruppen in den USA gehören. Sie hätten eine längere Lebenserwartung, seien widerstandsfähiger gegen Krankheiten und seelisch ausgeglichener als andere zivilisierte Menschen. Dieses wird auf die Beachtung einer „Offenbarung" Joseph Smiths vom Februar 1833 zurückgeführt, die als das „Wort der Weisheit" bekannt wurde (LuB 89). Danach ist der Genuß von Alkohol verboten: „Starke Getränke sind nicht für den Bauch, sondern zum Waschen

eures Körpers" (V. 7). Es darf nicht geraucht werden, und „heiße Getränke" wie Bohnenkaffee und Tee gelten als schädlich. Begründung für die Abstinenz: Der Körper ist den Mormonen heilig und wird als Tempel des göttlichen Geistes angesehen. Weil in der Auferstehung göttlicher Geist und menschlicher Körper gemeinsam hervorkommen, darf man die Gesundheit nicht schädigen oder schwächen.

Die „Heiligen" erwarten von der Befolgung des „Wortes der Weisheit" vier positive Ergebnisse: Gesundheit, Lebenskraft und Ausdauer, Empfänglichkeit für geistige Einflüsse und Schutz vor leiblichem Schaden.

* Ähnliche Erfolge wie im Gesundheitswesen können auch auf dem *Kultur- und Bildungssektor* vorgewiesen werden. „Bildung" ist nämlich nach Ansicht der Mormonen nicht nur erstrebenswert, sondern „für den ewigen Fortschritt" sogar notwendig. „Niemand kann in Unwissenheit selig werden" wurde 1843 „offenbart" (LuB 131,6). Und so gibt es „Fortbildungsvereinigungen" und eigene Lehr- und Ausbildungsstätten, bis hin zur Brigham-Young-Universität in Provo/Utah, an der 1994 mehr als 30.000 Studenten (auch Nicht-Mormonen) eingeschrieben waren.

* Der *Familie* wird großes Gewicht beigemessen. An einem Abend in der Woche, gewöhnlich ist es der Montag, finden in der örtlichen Gemeinde keine Veranstaltungen statt, weil sich dann die Familie zum sogenannten „Heimabend" zusammenfindet; durch gemeinsames Lesen der Heiligen Schriften, durch Singen und gesellige Spiele soll das Verhältnis zwischen Eltern und Kindern gestärkt und vertieft werden. Die Zentrale in Salt Lake City gibt in regelmäßigen Abständen einen „Familien-Leitfaden" heraus, um den Mitgliedern bei der Gestaltung ihrer Heimabende zu helfen.

* Die Ortsgemeinde bietet jedem Mitglied vielfältige Möglichkeiten, am *Gemeinschaftsleben* teilzunehmen. Während die meisten Männer in den verschiedenen Gremien des Priestertums engagiert sind, können Frauen und Kinder an speziell für sie erarbeiteten Programmen beteiligt

werden. Die Mitglieder der „Frauenhilfsvereinigung" etwa werden angeleitet, ein besseres Heim zu schaffen, ihre religiösen Kenntnisse zu vertiefen sowie den Bedürftigen zu helfen. Die „Gemeinschaftliche Fortbildungsvereinigung (GFV)" bietet allen Jugendlichen vom zwölften Lebensjahr ab ein umfassendes kulturelles, geselliges und sportliches Programm an. Jüngere Kinder werden in der „Primarvereinigung" erfaßt und betreut. Die Mormonen unterhalten auch eine eigene Pfadfinderorganisation.

Das offizielle Organ der deutschsprachigen „Pfähle" und „Missionen" ist ‚Der Stern', eine Monatsschrift, die seit 1869 erscheint. Sie dient einerseits den Mitgliedern zur Stärkung ihres Glaubens durch Botschaften der „Generalautoritäten" und Abhandlungen über die Lehre; andererseits kann sie auch zu Werbezwecken benutzt werden.

* Überall in der Welt streben die „Heiligen" ein besonders gutes *Verhältnis zu staatlichen Obrigkeiten* an und nehmen auch häufig am politischen Leben teil. In Deutschland fällt das wegen der geringen Zahlen nicht ins Gewicht; in Amerika jedoch haben Mormonen zeitweilig sogar Ministerämter bekleidet. Ezra Taft Benson etwa, der im Mai 1994 verstorbene „Prophet", war unter Präsident Eisenhower Landwirtschaftsminister der USA. George Romney, Mormone und ehemaliger Gouverneur des Staates Michigan, rang gegen Richard Nixon um die Präsidentschaftskandidatur der Republikaner. Auch im Staate Utah selbst engagieren sich viele Mormonen als Demokraten und Republikaner und stehen sich dann im politischen Kampf gegenüber.

Der Mormonismus: Eine amerikanische Religion

Die Aussage, daß der Mormonismus seinem Wesen nach „eine amerikanische Religion" sei, wird von Mormonen natürlich heftig bestritten. Sie weisen darauf hin, daß er zwar aus Amerika stamme, sich dann aber über die ganze Welt verbreitet habe und nun quasi als „neue Weltreligion" betrachtet werden müsse. Dennoch gibt es zahlreiche

Aspekte, die deutlich machen, daß der Mormonismus nicht nur historisch, sondern auch heilsgeschichtlich auf den Kontinent Amerika bezogen und mit ihm verknüpft ist.

Als 1992 der Entdeckung Amerikas vor 500 Jahren gedacht wurde, waren die Analysen von europäischen Wissenschaftlern und Publizisten, aber auch die Reaktionen der indianischen Bevölkerung in Nord- und Südamerika überwiegend kritisch. Dieser Grundtendenz konnten sich die Mormonen nicht anschließen, im Gegenteil. Ihrer Überzeugung nach war Kolumbus eine Gestalt, die eine „Prophetie" hatte wahr werden lassen:

> „Mit der Reise des Kolumbus nach Amerika ging eine Prophetie in Erfüllung, die 2000 Jahre zuvor geäußert worden war; damit wurde Kolumbus gleichzeitig zu einem Vorläufer der Wiederherstellung des Evangeliums" (Church News, 26. September 1992).

Die Mormonen beziehen sich dabei auf das „Buch Mormon" (1. Nephi 13,12), wo es heißt:

> „Und ich schaute und sah unter den Nichtjuden einen Mann, der war von den Nachkommen meiner Brüder durch viele Wasser getrennt; und ich sah den Geist Gottes herabkommen und auf den Mann einwirken, und dieser fuhr hinaus über die vielen Wasser, nämlich zu den Nachkommen meiner Brüder, die in dem verheißenen Land waren".

Im Jahre 1879 tauchte erstmals der Hinweis auf (von „Apostel" Orson Pratt geäußert), daß Kolumbus „der Mann unter den Nichtjuden" sei, der im „Buch Mormon" genannt werde. Ezra Taft Benson schrieb 1976 (als damaliger „Apostel"),

> „daß Gott einen Mann aus den Nichtjuden inspirierte, der unter Führung des Heiligen Geistes Amerika erneut entdeckte, um dieses reiche Land der Aufmerksamkeit der europäischen Völker nahezubringen. Dieser Mann war, selbstverständlich, Christoph Kolumbus" (in: The Teaching of E. T. Benson, S. 577).

Fazit:

> „Amerika wurde entdeckt, weil Gott es so haben wollte. Das Evangelium sollte lieber in Amerika als in einem ande-

ren Land wiederhergestellt werden, weil der Herr es so haben wollte" (Joseph Fielding Smith, Der Weg zur Vollkommenheit, S. 177).

In den internen Schulungsmaterialien der Mormonen wird im Zusammenhang mit dem Thema „Entdeckung Amerikas" ein Loblied auf die Neue Welt gesungen:

„Die Entdeckung Amerikas war nicht eine Sache des Zufalls, sondern sie lag im Plane Gottes beschlossen. ... Sie erfüllte die Forderung der Reformation nach größerer Freiheit."

Die Verfolgten aus Europa, die in Amerika Zuflucht gefunden hatten, seien für eine gewisse Zeit am Anfang zwar unduldsam und intolerant gewesen. Das habe sich aber bald gelegt. In der „freien geistigen Luft Amerikas" seien alle aus der Alten Welt eingeschleppten Krankheiten geheilt worden. Zunächst habe sich ein neues Gefühl für den Wert des Menschen entwickelt:

„In dieser Neuen Welt versperrten die Menschen einander nicht den Platz; der Himmel war nicht von dunklen Kriegswolken verhangen; es gab keine verdorbenen geistlichen Würdenträger und keine eifersüchtigen Fürsten, die gottlose Beschlüsse ausgaben. ... Ein schwer arbeitendes Volk hielt die Bibel in Ehren, die es ungehindert lesen konnte. ... Durch ein solches Volk konnte Gott Seine Pläne verwirklichen. ... Wo in der weiten Welt, wo in Europa z.B. konnten sechs junge Männer zusammensitzen und ohne Furcht und Gefahr eine Kirche gründen? ... Und wo konnte diese Kirche frei und unabhängig arbeiten, werben und sich ausdehnen? Ja – in Amerika!" (Roy Welker, Die Göttliche Kirche wiederhergestellt, S. 37f).

In die mormonische Amerika-Euphorie wird auch die im Juni 1788 in Kraft getretene Verfassung der Vereinigten Staaten eingeschlossen. Sie gilt als unter der Führung Gottes entstanden, „womit er die Grundlage für die Wiederaufrichtung Seiner Kirche legte" (ebd., S. 40f).

Wenn Amerika als Kontinent eine heilsgeschichtliche Bedeutung hat, dann müßte dieses eines Tages auch äußerlich zu erkennen sein. So vertreten die Mormonen die Theorie von einem „Neuen Jerusalem“ auf amerikanischem Boden. Sie berufen sich dabei auf einen „Propheten“ namens „Ether“, der dem „Buch Mormon“ zufolge in alttestamentlicher Zeit gelebt hat und schon damals „prophezeit“ haben soll, daß Amerika der Ort des „neuen Jerusalem“ sein würde. Als im September 1830 bekannt wurde, daß das „Neue Jerusalem“ in Amerika, irgendwo im Westen, errichtet werden sollte, bewegte die Anhänger Joseph Smiths natürlich die Frage, wo genau das geschehen würde.

In der Grafschaft Jackson/Missouri fand im Juli 1831 eine Konferenz statt, auf der „Gott“ den genauen Ort bekannt gab. Joseph Smith formulierte diese „Offenbarung“ so:

> „Horchet, o ihr Ältesten meiner Kirche, spricht der Herr, euer Gott, die ihr euch, meinen Geboten gemäß, in diesem Lande, welches das Land Missouri ist, versammelt habt – in dem Lande, das ich zur Versammlung der Heiligen bestimmt und geweiht habe. Deshalb ist es das Land der Verheißung und der Ort für die Stadt Zion. ... Sehet, der Ort, der jetzt Independence genannt wird, ist der Mittelpunkt, und der Platz für den Tempel liegt westlich auf einem Grundstück, das sich nicht weit vom Gerichtsgebäude befindet“ (LuB 57,1 ff).

Am 2. August 1831 wurde das Gelände für den Bau des Tempels als Mittelpunkt Zions durch Sidney Rigdon genau bestimmt und am nächsten Tag von J. Smith geweiht. Von dieser zentralen Zionsgemeinde sollte sich die Idee einer „neuen Gesellschaft, geformt nach dem Muster des göttlichen Gesetzes“, weiter ausbreiten, „bis schließlich ganz Amerika ein einziges Zion sein würde“ (William Berrett, Seine Kirche wiederhergestellt, S. 78).

Daß sich diese Vision bisher nicht erfüllt hat und der Endzeit-Tempel noch nicht errichtet werden konnte, liegt in folgenden Ereignissen begründet. Gemäß der entsprechenden „Offenbarung“ hatte ein Mormonen-„Bischof“ namens Edward Partridge im Dezember 1831 ein Stückchen des als „Zion“ bezeichneten Geländes für 130 Dollar über einen Vorbesitzer vom Bundesstaat Missouri erworben (es gehört heute den „Reorganisierten Mormonen“). Ehe es zu weiteren Landkäufen kam, wurden alle Mormonen (etwa 1200) aufgrund einer Anordnung des damals stellvertretenden Gouverneurs Liburn W. Boggs im November 1833 aus der Grafschaft Jackson vertrieben. Viele von ihnen siedelten anschließend in Illinois (Nauvoo).

Eine kleine Gruppe von Mormonen schloß sich 1846/47 dem großen Zug nach Westen nicht an, sondern blieb unter der Führung eines gewissen Granville Hedrick in Illinois. 1864 erhielten diese „Hedrickiten" eine „Offenbarung", derzufolge sie ihr Eigentum in Illinois verkaufen und nach Independence übersiedeln sollten; das geschah 1867. Zwei Jahre später, im November 1869, begannen die Hedrickiten, verschiedene Teile des inzwischen parzellierten Geländes für 1200 Dollar aufzukaufen, unter anderem auch den gesamten von J. Smith geweihten Tempelbauplatz. Die letzten Grundstücke wurden im Juli 1906 von der Stadt Independence an die „Church of Christ (Temple Lot)", wie sich die Hedrickiten inzwischen nannten, veräußert. Bis heute ist die etwa 3000 Mitglieder zählende Mormonen-Abspaltung „Church of Christ (Tempel Lot)" Eigentümerin dieses Geländes, das für alle Mormonen von großer heilsgeschichtlicher Bedeutung ist.

Es hat immer wieder Versuche seitens der „Heiligen" aus Salt Lake City gegeben, der kleinen Mormonen-Sekte das betreffende Grundstück abzukaufen. Der damalige „Chef-Apostel" der „Church of Christ (Temple Lot)", William A. Sheldon, sagte dem Autor im Sommer 1977 bei einem Gespräch in Independence: „Die Utah-Mormonen bekommen den Tempel-Bauplatz nicht, auch wenn sie uns viele Millionen Dollar bieten. Wenn Gott will, daß der Endzeit-Tempel gebaut wird, dann wird er auch die finanziellen und technischen Möglichkeiten dazu geben. Wenn nicht ..., nun wir warten ab."

Die große Verärgerung der Utah-Mormonen über diesen Zustand ist verständlich. Joseph Fielding Smith hat es so ausgedrückt:

> „Kein Volk wird durch Offenbarung angewiesen werden, Seinen Tempel zu bauen, das nichts vom Tempelbau und der

Vollziehung von Verordnungen versteht. ... Die Menschen, die den Tempel-Bauplatz besitzen, haben keine göttliche Vollmacht. Wir können von ihnen nur sagen, was der Herr von solchen in frühen Tagen schon sagte: ,Wehe euch, die ihr das Himmelreich zuschließt vor den Menschen! Ihr kommt nicht hinein, und die hinein wollen, laßt ihr nicht hineingehen'" („Der Weg zur Vollkommenheit", S. 169f).

Die Wiederkunft Christi wird sich aufgrund dieser Umstände wohl noch etwas verzögern, zumindest solange, bis sich die beiden Mormonen-Gemeinschaften geeinigt haben. Erst dann kann der Tempel gebaut werden und Christus ihn als Residenz beziehen.

Als Beweis dafür, daß Amerika wirklich das Land des Heils sei, weisen die Mormonen darauf hin, daß Jesus Christus und sogar Gott selbst eine besondere und sehr enge Beziehung zu diesem Kontinent hätten: Beide seien nämlich *persönlich* (durch Besuche und Verheißungen) mit ihm verbunden. Die „Heiligen der Letzten Tage" scheuen sich also nicht, die Heilsgeschichte Gottes mit der ganzen Welt und allen Menschen einfach zu ,amerikanisieren'.

Demnach begann alles in Amerika und wird dort auch zum Abschluß kommen. Adam und Eva lebten im „Garten Eden", der sich in der Grafschaft Jackson/Missouri befand. Als sie aus diesem ,Paradies' vertrieben wurden, wanderten sie 85 Meilen in nordöstlicher Richtung und erreichten ein Tal, das heute in der Grafschaft Daviess liegt. Sie nannten es in ihrer (adamitischen) Sprache „Adam-ondi-Ahman", was soviel wie „der Ort Gottes, wo Adam wohnte" bedeuten soll.

Heute gibt es im Tal verstreut liegende Bauernhöfe. Die Farmer gehen ihrer täglichen Arbeit nach, ohne zu wissen, „was sich hier einst abspielte. Ebensowenig sind sie sich der gewaltigen Ereignisse bewußt, die sich bald dort abspielen werden" (J. F. Smith, Der Weg zur Vollkommenheit, S. 180).

In nicht allzu langer Zeit wird es in „Adam-ondi-Ahman" nämlich wiederum eine große Priestertumsversammlung geben. Adam, der „Alte der Tage“ (Daniel 7,9), wird als Vorsitzender der Versammlung die „Autorität“ dem anwesenden Jesus Christus übertragen. Auch die „Vollmacht“, die sich Luzifer „betrügerischerweise“ in dieser Welt angemaßt hat, muß dieser an Christus zurückgeben. Alle Anwesenden, besonders die Mormonen-„Propheten“, werden Jesus Christus dann offiziell in sein Amt einführen:

> „Er wird die Regierungsgewalt über diese Erde in aller Form übernehmen“ (Earl W. Hanks, A Brief History of the Latter-day Saints in Missouri, S. 11; J. F. Smith, S. 181f).

Damit enden auch alle menschlichen Regierungen (Demokratien und Königreiche), und der Ober-Regent Christus wird die *ausübende* Regierungsgewalt den „Heiligen des Allerhöchsten“ (den Mormonen) übertragen.

Wenn Jesus Christus also in naher Zukunft im Bundesstaat Missouri (Landkreis Daviess) zur großen Versammlung erscheint, dann wird das nicht seine erste Begegnung mit Amerika sein: Die hat schon vor 2000 Jahren stattgefunden. Joseph Smith hat darüber eine recht phantasievolle Geschichte in seinem „Buch Mormon“ (3. Nephi 11–28) anzubieten: Nachdem Jesus in Palästina von den Toten auferstanden und 40 Tage später in den Himmel aufgenommen worden war, zeigte er sich dem Volk der „Nephiten“ in Amerika, den „anderen Schafen“, von denen er gesprochen hatte. Wo das geschah, ist allerdings nicht mehr festzustellen. Smith bezeichnet die Gegend geographisch etwas ungenau als „Land des Überflusses“. James Talmage hält es für den nördlichen Teil Südamerikas (Ders., Jesus der Christus, S. 601).

Dort sind die Nephiten eines Tages, im Mai oder Juni des Jahres 34 n. Chr. (so Talmage, S. 588) um ihren Tempel versammelt, als sie eine Stimme vom Himmel her vernehmen („keine barsche Stimme, auch nicht sehr laut“), die sie zunächst nicht verstehen. Erst beim dritten Mal hören sie deutliche Worte: „Sehet, mein geliebter Sohn, an dem ich Wohlgefallen habe ... höret ihn!“ (3. Nephi 11,7). Dann sehen sie einen Mann mit einem weißen Kleid vom Himmel herabsteigen, der seine Hand ausstreckt und zum Volke spricht: „Sehet, ich bin Jesus Christus, von dem die Propheten bezeugten, daß er in die Welt kommen werde" (11,10). Als sie seine Nägelmale sehen und fühlen dürfen, sind sie sicher, daß es Christus ist. Sogleich beginnt dieser seine „Mission" unter den Nephiten. Er beruft zwölf Männer, denen er aufträgt, in Vollmacht und korrekt die Taufe zu spenden (durch Untertauchen). Er verbietet ihnen gleichzeitig, über seine Anordnungen zu streiten oder diese abzuändern. Er hält eine Ansprache, deren Inhalt von der Bergpredigt (Matthäus 6 und 7) her bekannt ist. Beim „Vater Unser" läßt Jesus hier unverständlicherweise die beiden Bitten um das Kommen des Reiches Gottes und um das tägliche Brot weg, schließt jedoch mit der Doxologie („denn dein ist das Reich ..."), die sich erst in einer späteren (sahidisch-koptischen) Übersetzung des Neuen Testamentes und verkürzt in der „Zwölfapostellehre" aus dem Jahre 120 n. Chr. findet.

Als Jesus merkt, daß das Volk nicht alles versteht, was er sagt, möchte er sie nach Hause entlassen („geht jetzt in eure Häuser zurück und denkt über das nach, was ich euch gesagt habe ... und bereitet euren Geist für morgen vor, und ich werde wieder zu euch kommen"; 17,3); sie bringen jedoch erst noch zahlreiche Kranke, die er heilen soll. Auch das „Abendmahl" wird noch gestiftet, und dann kehrt Jesus in einer Wolke, die alles überschattet, in den Himmel zurück (18,38f).

Am nächsten Tag lehren die erwählten Jünger – einer von ihnen trägt den Namen „Timothy" – gerade das Volk, als Jesus plötzlich unter ihnen erscheint und selbst wieder den Unterricht übernimmt. In besonderer Weise legt er den Nephiten das Studium des Propheten Jesaja nahe (23,1); sie sollten aber auch ihre eigenen „heiligen Schriften" lesen. Er läßt sich diese vorlegen und stellt fest, daß sie lückenhaft sind; er gebietet ihnen, sie zu vervollständigen (23,11ff). Nach weiteren Lehrreden und Krankenheilungen kehrt Jesus wiederum in den Himmel zurück (dritte Himmelfahrt).

Am folgenden Tag reisen die beauftragten Jünger umher, lehren und taufen: „Und die, welche sich im Namen Jesu taufen ließen, wurden die Kirche Christi genannt" (26,21). Als Jesus etwas später zu ihnen stößt, wird er von den Jüngern gefragt, wie sie denn die entstehende Kirche bezeichnen sollen (obwohl der Name doch schon im Umlauf ist!). Er antwortet, daß sie natürlich nach ihm benannt werden müsse, da sie ja sonst nicht „seine Kirche" sei, sondern die irgendeines anderen (27,3ff).

Nach seinem dreitägigen Aufenthalt schied er von ihnen [vierte und endgültige Himmelfahrt]: „Und siehe, der Himmel öffnete sich, und sie [die Neune] wurden auch gen Himmel emporgehoben und sahen und hörten unaussprechliche Dinge" (28,12f). Diese Jünger kehrten nach einiger Zeit wieder auf die Erde zurück; es war ihnen jedoch verboten, über die Dinge zu berichten, die sie im Himmel erlebt hatten.

Einen ‚Beweis' für den Aufenthalt Jesu Christi in der westlichen Hemisphäre meinen die Mormonen in den Mythen der alten amerikanischen Völker gefunden zu haben, in denen häufig von einem „großen weißen Gott" die Rede ist. Der frühere „Apostel" Mark E. Petersen (1900–1984) schreibt in einem Faltblatt zu diesem Thema:

> „Der große weiße Gott des alten Amerika ist immer noch lebendig. In den Entdeckungen und Schriften von Archäologen und Historikern steht er nun als eine unbestreitbare Tatsache da. ... Diesen Gott hat es wirklich gegeben. Er ist wirklich nach Amerika gekommen, und zwar lange vor Kolumbus. ... Er tauchte plötzlich auf übernatürliche Weise auf und verschwand auch ebenso plötzlich wieder. ... Daß er eine christliche Gottheit war, kann niemand mit Erfolg leugnen" (Christus in Amerika, S. 2).

Die Überlieferung von einem „weißen Gott" sei durch Generationen von Indianern zwischen Chile und Alaska lebendig erhalten worden, mit ganz unterschiedlichen Namen. In Mexiko etwa wäre damit der „Lichtgott Quetzalcoatl" gemeint, in Guatemala „Gukumatz", in Peru „Viracocha", in Kolumbien „Bochica", in Brasilien „Sume" und in den Maya-Gebieten „Kukulcan".

Ein letzter Aspekt, der die Mormonen, Amerika und die Endzeit miteinander verknüpft, soll noch kurz angesprochen werden: Die „zehn verlorenen Stämme Israels".

Dem biblischen Bericht in 2 Könige 17 zufolge verschwanden die Zehn Stämme des Nordreiches Israel im Jahre 722 v. Chr. aus der Geschichte des Heiligen Landes. Die Frage, was daraus geworden ist und wo sich die Zehn Stämme heute befinden, hat Juden und Christen immer wieder beschäftigt. Im Jahre 1570 veröffentlichte der spanische Mönch Diego de Lada (später Bischof in Yucatan/Mexiko) eine Schrift, in der es hieß, „daß die Indianer Abkömmlinge der Juden sind".

Daraus entwickelte sich bald die Mythe von der Wanderung der Zehn Stämme nach Amerika und blieb in dieser Weise zwei Jahrhunderte lebendig. Dann hatte der Engländer Richard Brothers (1757–1824), der sich „Neffe Gottes" und „Prinz der Hebräer" nannte, eine neue Idee. Er behauptete, es gäbe eine eindeutige Identität zwischen den Briten und Israel, worauf schon der Name „Britisch" hinweise: „b'rith-ish" = hebräisch „Mann des Bundes". Er gründete die „Britisch-Israel-Bewegung", die noch heute ein kärgliches Dasein fristet. Diese merkwürdige Gruppe ist der Ansicht, daß den Briten, aber auch den anderen weißen Völkern des Nordens als Nachfahren der „zehn verlorenen Stämme" die biblischen Verheißungen gelten.

Diese ungewöhnlichen Vorstellungen wurden auch von den Mormonen aufgenommen. Bruce McConkie meinte, daß die „Zehn verlorenen Stämme" bald gesammelt würden, und zwar „unter der Leitung des Präsidenten der Kirche Jesu Christi der Heiligen der Letzten Tage". Er habe nämlich die „Schlüssel" (Vollmacht), „Israel von den vier Enden der Erde zu sammeln und die Zehn Stämme aus dem Land des Nordens zusammenzuführen" (Mormon Doctrine, S. 458).

Die Sammlung geschehe auf zweifache Weise: Erstens „spirituell" – Die verlorenen Schafe Israels müssen sich der „wahren Kirche" anschließen und die Lehren der Mormonen kennenlernen und annehmen. Zweitens „zeitlich" – In naher Zukunft wird das „Haus Josephs" in Amerika und das „Haus Juda" in Palästina wiederhergestellt. Die Zehn Stämme kommen nach Amerika, um dort ihren Segen zu empfangen. Für die Stämme Juda und Benjamin geschieht dies in Jerusalem. Diese Sammlung wird aber nicht vor der Wiederkunft Christi abgeschlossen sein. In der Zwischenzeit müssen die Angehörigen der Zehn Stämme in die Mormonen-Tempel gehen, um dort ihre israelitischen Ahnen zu erlösen (vgl. Abschnitt „*Totentaufe*", S. 136 ff). McConkie schließt seine Ausführungen:

> „Die Tatsache, daß unter der Führung des Mormonen-Präsidenten die Stämme Israels gesammelt werden, ist ein Zeichen für die Göttlichkeit der Mormonen-Kirche. Alle anderen Kirchen können deshalb nicht die Kirche des Herrn sein" (ebd., S. 307).

Zweiter Teil
Die geheimen Tempelrituale

Der Mormonen-Tempel: nach jüdischem Vorbild?

„Unter den zahlreichen Glaubensgemeinschaften und Kirchen unserer Zeit ragen die Heiligen der Letzten Tage dadurch hervor, daß sie Tempel bauen. Sie gleichen darin den alten Israeliten", so beginnt James Talmage sein 1912 erschienenes Buch „The House of the Lord" (Das Haus des Herrn), in dem er die Existenz mormonischer Tempel zu begründen versucht (S. VII). Die „Heiligen der Letzten Tage" besitzen nämlich neben ihren örtlichen Kirchen und Gemeindehäusern, in denen Gottesdienste und allgemeine Veranstaltungen stattfinden, noch die besondere Institution von Tempeln, die geheimen und „heiligen" Handlungen vorbehalten sind.

Mit seinen Ausführungen scheint Talmage eine direkte Linie von den jüdischen Tempeln in Jerusalem zu den modernen Tempeln des Mormonismus ziehen zu wollen, um auch durch diesen Punkt zu unterstreichen, daß die Anhänger dieser Religion das endzeitliche ‚Volk Israels' bilden. Seine Argumentationskette besteht daher aus folgenden Einzelgliedern:

(1) Zu allen Zeiten hat es Gebäude gegeben, die als Heiligtum für die Anbetung von Götzen oder zur Verehrung des wahren Gottes dienten.

(2) Nach dem Auszug der Israeliten aus Ägypten gab Gott die Anweisung, ihm ein heiliges Zelt zu erstellen (von Martin Luther ‚die Stiftshütte', hebr. ‚Zelt der Zusammenkunft' genannt), in dem er dem Volke mit seiner Gegenwart nahe sein konnte (2 Mose/Exodus 25–27).

(3) Später, um das Jahr 1000 v. Chr. führte Salomo den

Plan seines Vaters David aus, dem Gott Israels einen richtigen Tempel zu errichten (1 Könige 6ff).

(4) Bald aber zerfiel dieses Gebäude und wurde außerdem durch Salomos götzendienerische Frauen entweiht.

(5) In den folgenden Jahrhunderten zerstörten Kriege und fremde Herrscher, was noch übriggeblieben war.

(6) Nach der Rückkehr aus der babylonischen Gefangenschaft begannen die Juden, einen neuen Tempel zu bauen, der 515 v. Chr. vollendet wurde.

(7) Kriege und allgemeine Zeiteinwirkungen zogen aber auch dieses Bauwerk durch die Jahrhunderte so stark in Mitleidenschaft, daß König Herodes I. 29 v. Chr. mit Neubau- und Renovierungsarbeiten begann, die zehn Jahre dauerten. Mit diesem Tempel und seinem Bezirk waren, wie aus den Berichten der Evangelien hervorgeht, wichtige Ereignisse aus dem Leben Jesu verknüpft. Als Jerusalem 70 n. Chr. von Titus eingenommen wurde, brannten die Römer unter anderem auch den Tempel völlig nieder.

Nach dieser allgemeinen Übersicht schlägt Talmage einen gewaltigen Bogen in die Neuzeit:

> „Der Tempel des Herodes war der letzte, der auf der östlichen Hemisphäre errichtet wurde. ... Als unter der Regierung Konstantins das schon entstellte Christentum zur Staatsreligion wurde, konnten oder wollten die Menschen ganz oder gar nicht einsehen, daß es einen Ort geben müsse, wo Gott sich offenbaren würde. ... Unter der Vielzahl von Kirchen und Gotteshäusern, von Domen und Kathedralen hatte der Menschensohn nichts, was Er Sein eigen nennen konnte. ... Erst als das Evangelium mit seiner ursprünglichen Kraft und Vollmacht im 19. Jahrhundert wiederhergestellt wurde, war das heilige Priestertum abermals unter den Menschen vorhanden. Man darf nicht vergessen, daß die Vollmacht, im Namen Gottes zu sprechen und zu handeln, eine wesentliche Voraussetzung für den Tempel ist; der Tempel hat ohne die heilige Vollmacht des Priestertums keine Bedeutung. ... Die Kirche Jesu Christi der Heiligen der Letzten Tage stellt fest, daß sie das heilige Priestertum besitzt, das wieder auf die Erde gebracht worden ist. Sie erklärt, daß ihr der göttliche Auftrag erteilt ist, Tempel

> zu bauen, die dem Namen und Dienst des wahren, lebendigen Gottes geweiht sind, um darin die heiligen Handlungen des Priestertums zu vollziehen, die auf Erden und im Jenseits bindend sind" (aaO., S. 8 ff).

Aufgrund dieser ihrer Selbsteinschätzung, „einzig wahre Kirche" zu sein und das „alleinige, vollmächtige und heilige Priestertum" zu besitzen, sowie aufgrund der Meinung, einen „göttlichen Auftrag" dazu zu haben, bauen die Mormonen seit 1833 ihre Tempel in dem Bewußtsein, damit an die altjüdische Zeit anknüpfen und nach langer Unterbrechung wieder einen Ort für die „Gegenwart Gottes und seiner Offenbarungen" anbieten zu können.

1836 wurde in Kirtland/Ohio in der Nähe von Cleveland „der erste Tempel der Neuzeit" fertiggestellt; er gehört heute den Reorganisierten Mormonen (mit weltweit über 220.000 Mitgliedern). Es folgte der Tempel in Nauvoo/Illinois: Grundsteinlegung 1841, Einweihung 1846, Zerstörung durch Sturm und Brandstiftung zwischen 1846 und 1850. Nach dem großen Exodus der „Heiligen" aus dem Mittelwesten und ihrer Ansiedlung im Salzseetal begann 1853 der Bau des Tempels in Salt Lake City, den Präsident Wilford Woodruff 1893 seiner Bestimmung übergab. Parallel dazu wurden in Utah Tempel in St. George (1877), Logan (1884) und Manti (1888) eingeweiht.

Mit der Errichtung von drei weiteren Tempeln (Hawaii 1919, Alberta/Kanada 1923 und Arizona 1927) hielt sich die Bautätigkeit bis zum Zweiten Weltkrieg in einem relativ bescheidenen Rahmen. Dieser wurde dann allerdings in den folgenden Jahrzehnten so weit gedehnt, daß man heute fast von einer Tempelbau-„Euphorie" sprechen könnte. Allein in der Zeit von November 1980 bis Januar 1986 wurden in verschiedenen Ländern 23 neue Tempel in Betrieb genommen. Im Herbst 1994 lag die Gesamtzahl weltweit bei 46 (diese laufende Nummer trägt der im Oktober 1994 eingeweihte Tempel von Orlando/Florida. In Europa gibt es Tempel in Zollikofen/Schweiz (1955), White Chapel/England (1958), Stockholm/Schweden (1985), Freiberg/Sachsen

(1985) und Friedrichsdorf/Taunus (1987). In Preston/Lancashire soll ein zweiter Tempel für England, Irland und Schottland errichtet werden. W. E. Berret schreibt:

> „Die Heiligen sind der Meinung, daß es eines Tages Hunderte von Tempeln geben wird und daß während des Milleniums darin eine sehr große Arbeit verrichtet werden wird" (Seine Kirche wiederhergestellt, S. 333).

Rein äußerlich betrachtet, scheint es zwischen den mormonischen Tempeln und denjenigen von Jerusalem einige übereinstimmende Punkte zu geben. Vom altjüdischen Tempelkult haben die Mormonen etwa die Unterscheidung zwischen örtlichen Synagogen (Gemeindehäusern) und zentralem Tempel übernommen; sodann die Einteilung der Tempel-Gebäude in unterschiedlich ‚heilige' Bezirke; das auf zwölf Ochsen ruhende Wasserbecken (2 Könige 7,23ff), den in 2 Chronik 3,14 erwähnten Tempelvorhang und nicht zuletzt das Verbot für Außenstehende (solche, die der eigenen Religion nicht angehören), den Tempel ganz oder teilweise zu betreten. Bei ihrem Versuch, an diesen altjüdischen Tempelkult anzuknüpfen, haben die Mormonen aber zwei wesentliche Dinge übersehen, nämlich den alt- und den neutestamentlichen Aspekt:

(1) *Alttestamentlich:* Jeder der drei während des letzten vorchristlichen Jahrtausends errichteten Tempel in Jerusalem war in seinem Zeitabschnitt sichtbarer Ausdruck für das gerade herrschende religiöse Bewußtsein des Volkes Israel und Zeichen für das ihm als dem Volk des Alten Bundes allein geltende Heilshandeln Gottes. Diese Tempel können deshalb wohl kaum aus dem religionsgeschichtlichen und historisch-politischen Zusammenhang des Vorderen Orients herausgelöst, verselbständigt und als ‚Idee' (Vorbildfunktion) in andere Länder und Zeiten verpflanzt werden.

So galt Salomos Tempel als Zentralheiligtum des Zwölfstämmeverbandes, da er der während der Wüstenwanderung ständig umhergetragenen Bundeslade nun als fester Standort und somit als Wohnung der Gottheit diente. Er hatte aber auch die Funktion eines Staatsheiligtums mit dem König als oberstem Kultherrn, der selbst die Tempelweihe vollzog und Priester in ihr Amt einsetzte.

Nach der Rückkehr der Juden aus dem Exil wurde der neue Tempel für die Mitglieder der jüdischen Kultusgemeinde wiederum Zentralheiligtum, jetzt jedoch ohne den politischen Hintergrund. Die Bundeslade gab es nicht mehr, da sie in den vorhergehenden Wirren wohl verlorengegangen war. Alle Arten des Opferdienstes, vom Speise- bis zum blutig-rituellen Tieropfer, und andere Tempelverrichtungen lagen in den Händen der Priester. Ihr führender Amtsträger am Jerusalemer Tempel wurde nun zum obersten Priester in ganz Israel, zum ‚Hohenpriester'. Bis zum Ende der Geschichte Israels hat dieses religiöse Amt eine wichtige Rolle gespielt.

Zur Zeit des Königs Herodes scharte sich die jüdische Kultusgemeinde um ihr Heiligtum und sah darin ein Bollwerk gegen ständig drohende Eingriffe weltlich-heidnischer Herrscher. Sie war bemüht, die Freiheit zur Ausübung ihrer Gottesdienste zu sichern und ein Leben nach den strengen Vorschriften des überlieferten Gesetzes zu führen.

(2) *Neutestamentlich:* In Jesus von Nazaret wurden dann alle diesbezüglichen baulichen, ethnischen, religiösen und geographischen Grenzen gesprengt: Das Heilshandeln Gottes galt seitdem nicht mehr nur einem besonderen historischen Volk, sondern der ganzen Welt und allen Menschen. Deshalb findet sich auch an keiner Stelle im Neuen Testament irgendein Hinweis darauf, daß die Christen, als Volk des Neuen Bundes, jüdische oder andere Tempel zu erbauen hätten, um des Heiles teilhaftig zu werden.

In der Stunde des Todes Jesu riß der Vorhang im jüdischen Tempel mitten entzwei. Damit war der Zugang zum Allerheiligsten, d.h. der direkte Zugang zu Gott, durch die Erlösungstat Jesu Christi weit geöffnet, und der Tempel hatte für das Volk des Neuen Bundes seine Bedeutung verloren.

Niemand wird den Mormonen den Glauben verwehren können, angeblich im „Auftrage Gottes" und in Anlehnung an das „jüdische Vorbild" immer neue Tempel errichten und darin eine bestimmte Tätigkeit absolvieren zu müssen. Es sollte aber ganz deutlich sein, daß das alles, am neutestamentlichen Zeugnis gemessen, mit christlichem Glauben und christlicher Existenz nicht das geringste zu tun hat.

Voraussetzungen und Vorbereitungen für den Tempelbesuch

> „Die Segnungen des Hauses des Herrn sind nicht auf eine bevorrechtigte Klasse beschränkt. Wer der Kirche angehört, darf zum Tempel kommen und dort an den heiligen Handlungen teilnehmen, sofern ihm ein würdiges Leben und Verhalten bescheinigt ist" (James Talmage, Haus des Herrn, S. 70).

Der letzte Halbsatz weist hier auf die entscheidende Bedingung hin. Wer sich den Mormonen anschließt, muß vom Tage seiner Taufe an gewöhnlich noch ein Jahr warten, ehe er die Berechtigung zum Besuch eines Tempels erhält. Diese Berechtigung besteht in einem sogenannten „Tempelempfehlungsschein", den sowohl der zuständige „Bischof" (Gemeindevorsteher) als auch der „Pfahl"-Präsident (Bezirksleiter) gemeinsam unterschreiben müssen.

Sie tun dies, wenn sie mit dem Anwärter auf den Tempelbesuch ein Gespräch geführt haben und die folgenden Fragen zu ihrer Zufriedenheit beantwortet wurden:

> „1. Sind Sie moralisch rein und würdig, den Tempel zu betreten?
> 2. Erkennen Sie die Generalautoritäten der Kirche und die örtlichen Führer an, und unterstützen Sie sie; leben Sie mit den geltenden Regeln und Lehren der Kirche in Einklang, und werden Sie es auch in Zukunft tun?
> 3. Haben Sie irgendwelche Verbindung mit irgendeiner der abtrünnigen Gruppen oder Personen, die den geltenden Regeln und Lehren der Kirche entgegenstehen, oder sympathisieren Sie mit ihnen?
> 4. Zahlen Sie den vollen Zehnten?

5. Verhalten Sie sich Ihren Mitmenschen gegenüber ehrlich?
6. Befolgen Sie das Wort der Weisheit?
7. Tragen Sie, wie vorgeschrieben, das Garment?
8. Werden Sie sich wirklich ernstlich bemühen, in der Kirche Ihre Pflicht zu erfüllen, die Abendmahls-, Priestertums- und die anderen Versammlungen zu besuchen und den Regeln, Gesetzen und Geboten des Evangeliums gehorsam zu sein?
9. Ist Ihnen jemals ein Tempelempfehlungsschein verweigert worden? (Falls ja, stellen Sie den Tag der Verweigerung fest, den Namen des Bischofs/Gemeindepräsidenten sowie der Gemeinde und des Pfahles/der Mission).
10. Sind sie schon einmal geschieden worden? Wenn ja, was war der eigentliche Grund der Scheidung? Sind Sie, falls Ihre Ehe im Tempel geschlossen worden war, von der Ersten Präsidentschaft freigegeben worden?" (Deckblatt des Formularblocks für Tempelempfehlungsscheine).

Die Tempel-Interviews (sie finden immer in ‚kirchlichen' Räumen statt) enthalten, wie man mormonischen Darstellungen entnehmen kann, in ihrem Wesen ein Merkmal, das geeignet ist, den Kandidaten zu absoluter ‚Ehrlichkeit' zu veranlassen: Zunächst hat er es formal nur mit den für ihn zuständigen Amtsträgern zu tun, die ihn im Auftrage der ‚Kirchenführung' überprüfen. Die Besonderheit und ‚Ernsthaftigkeit' des Gesprächs ergeben sich jedoch aus der Vorstellung, daß „Bischof" und Pfahl-Präsident nicht so sehr sich selbst repräsentieren, sondern vielmehr „Gott". Führende Mormonen möchten das Tempel-Gespräch denn auch so verstanden wissen, als ob „Gott" selber die Fragen an den Bewerber richtet und seine Beurteilung durch den Mund der Prüfer abgibt.

Kommen die Interviews zu einem positiven Abschluß, so kann der Kandidat davon ausgehen, nicht nur eine administrative Erlaubnis der „Kirche" zum Betreten des Tempels erhalten zu haben, sondern in seiner „Würdigkeit" durch „Gott selbst" bestätigt worden zu sein. In diesem Zusammenhang spielt die eigene Unterschrift auf dem Tempel-

Schein eine ganz entscheidende Rolle. Dem Bewerber ist vorher nämlich deutlich gemacht worden, daß er seine ‚Ehrlichkeit' hier und jetzt „Gott" gegenüber schriftlich zu dokumentieren habe und damit quasi Vertragspartner „Gottes" werde.

N. Eldon Tanner (1898–1983), seinerzeit Mitglied der „Ersten Präsidentschaft", schlug den „Bischöfen" und Pfahl-Präsidenten 1978 vor, dem Bewerber die eben geschilderten Gegebenheiten mit diesen Worten zu erklären:

> „Sie sind wegen des Empfehlungsscheins zum Betreten des Tempels zu mir gekommen. Wenn ich Ihnen nun die Fragen stelle, so repräsentiere ich dabei den Herrn. Am Ende des Gespräches unterschreibe ich die Empfehlung, aber meine Unterschrift ist nicht die einzige, die wichtig ist. Bevor der Empfehlungsschein Gültigkeit erlangt, müssen auch Sie selbst ihn unterschreiben. Damit treffen Sie mit dem Herrn eine Übereinkunft, daß Sie der Vorrechte würdig sind, die den Inhabern solch eines Empfehlungsscheins gewährt werden" (The Blessing of Church Interviews, in: The Ensign, November1978, S. 42).

Aus den Interview-Fragen ergibt sich, daß die für den Tempel erforderliche „Würdigkeit", treffender ist in diesem Zusammenhang wohl der Begriff ‚Qualifikation', auf drei Gebieten angestrebt werden muß: (1) im Bereich der persönlichen Ethik, (2) in dem der Loyalität gegenüber der „Kirche" und ihren Führern, und (3) im religiösen Vollzug, hier verstanden als Befolgung der Prinzipien und Gesetze des mormonischen „Evangeliums".

Das Schrifttum der Mormonen betont häufig die Wichtigkeit oder gar Heilsnotwendigkeit der Teilnahme an den Tempelhandlungen. Es finden sich regelrechte Aufrufe, wie etwa der folgende:

> „Ihnen allen sage ich: ‚Kommt zum Tempel – wenn nicht jetzt, dann später!' Beten Sie inbrünstig, bringen Sie Ihr Leben in Ordnung, sparen Sie, soviel Sie können, in der Hoffnung, daß dieser Tag kommt. ... Ich ermahne Sie alle dringend: Bewahren Sie sich Ihren Glauben und Ihre Hoffnung

> und nehmen Sie sich fest vor zu kommen – nehmen Sie sich fest vor, daß Sie würdig sein und zum Tempel kommen werden" (Boyd K. Packer, zitiert in: Heimlehrthemen für neue Mitglieder, 1982, S. 36).

Allerdings wird der Tempelschein-Inhaber aus keiner internen, geschweige denn öffentlichen Publikation der Mormonen irgend etwas darüber erfahren, was denn nun im Tempel wirklich geschieht. Ein ‚Neuer' erhält vor seinem ersten Besuch also keine Gelegenheit, die Rituale und ihre Inhalte kennenzulernen und kritisch zu prüfen oder sich auch nur seelisch auf sie einzustimmen. Selbst innerhalb der mormonischen Familien scheint das Thema ‚Tempelrituale' tabu zu sein. Man spricht zwar ganz allgemein über die dortigen Segnungen, Siegelungen und Totentaufen, aber nicht über Wortlaut und Struktur der betreffenden Zeremonien.

Seit längerem bieten die Mormonen „Seminare zur Vorbereitung auf den Tempel" an. Den „Priestertumsführern im Pfahl, in der Gemeinde und im Kollegium" soll geholfen werden, so heißt es in der Einleitung zu einem entsprechenden Lehrbuch, mit Hilfe eben dieses Unterrichtsmaterials „Seminare zu planen und durchzuführen, die es den Mitgliedern erleichtern, sich auf die Segnungen des Tempels vorzubereiten" (Lehrbuch „Seminare zur Vorbereitung auf den Tempel", 1978, S. 1).

Verschiedene Themen werden bei dieser Schulung besprochen: „Der Mensch", „Die Familie", „Reich Gottes", „Heilige Schriften", „Zeugnis", „Sabbat" usw., nicht jedoch das ‚Eigentliche'. In Kapitel 12 des Lehrbuches (Überschrift: „Die Vorbereitung auf den Tempel") liest der Seminarleiter folgenden Hinweis:

> „Für viele Mitglieder der Kirche ist der Tempel ein sehr geheimnisvoller Ort. Zweck dieses Unterrichts ist es, in jedem Teilnehmer den Wunsch zu wecken, die heiligen Handlungen im Haus des Herrn zu empfangen. Es mag sein, daß Ihnen dies als eine überwältigende Aufgabe erscheint; aber wenn Sie beten und sich ausreichend vorbereiten, wird der

Herr Ihnen helfen, diesen Unterricht angemessen zu gestalten. Jede Diskussion über den Tempel ist mit äußerster Vorsicht und Sorgfalt zu führen. Vieles, was im Tempel geschieht, darf außerhalb des Tempels nicht besprochen werden. Der Maßstab dafür, worüber man außerhalb des Tempels reden darf, sind die Aussagen von Aposteln und Propheten, in deren gedruckten Predigten und Reden die Tempelarbeit beschrieben wird. Falls über den Tempel Fragen gestellt werden, die sich mit diesen öffentlichen Aussagen nicht beantworten lassen, sollten Sie mit folgenden Worten reagieren: ‚Die Antwort auf diese Frage werden Sie erhalten, wenn Sie den Tempel besuchen'. Aus diesem Grund empfehlen wir dem Lehrer, sich eng an den vorgesehenen Ablauf des Unterrichts zu halten und Diskussionen über Fragen auszuweichen, die die Teilnehmer nur verwirren können. Wir hoffen, daß dieser abschließende Unterricht jeden Teilnehmer dazu bewegen wird, sich so vorzubereiten, daß er würdig wird, ins Haus des Herrn zu gehen." (in: Seminare zur Vorbereitung auf den Tempel, S. 108)

Mit seinem System von Bedingungen, Voraussetzungen und Tempelempfehlungsscheinen hat der Mormonismus für seine Anhänger, die sich subjektiv ehrlich auf den Weg machen und Gott finden wollen, psychologische, aber auch unbiblische Barrieren aufgerichtet. Das Neue Testament verheißt, daß wir einzig und allein durch Jesus Christus Zugang zu Gott finden (Johannes 14,6) und nicht durch die Anerkennung irgendwelcher von Menschen aufgestellter Regeln oder mormonischer Sonderlehren. Und Jesus Christus selbst läßt uns bedingungslos zu sich kommen (Matthäus 11,28), auch ohne Tempelempfehlungsschein.

Die Tempelkleidung

Der Aufenthalt im Tempel ist nur in der vorgeschriebenen weißen Tempelkleidung gestattet, die die ‚Patrons' entweder von zu Hause mitbringen oder auch im Tempel gegen eine kleine Gebühr leihen können. Jeder Tempel betreibt eine eigene Wäscherei und Näherei, damit diese besonderen Kleidungsstücke nicht „nach draußen" gegeben werden müssen.

Einer von der mormonischen Hilfsorganisation für Frauen (Relief Society) am 1. Juni 1968 in Salt Lake City herausgegebenen Liste zufolge benötigen die ‚Patrons' für die Teilnahme an den „heiligen Tempelhandlungen" folgende Kleidungsstücke, die die Relief Society auch anfertigt und ausliefert:

Männer: Obergewand (robe), Kappe (cap), Schurz (Apron), Hose (trousers), Hemd (shirt), Krawatte (tie), Kniehose (hose), Gürtel (belt), Poncho (shield), Schuhe (shoes or heavy moccasins) und das Priestertumsgewand alten Stils.

Frauen: Obergewand, Schleier (veil), Schurz, Poncho, Kleid (dress), Slip, Kniehose, Schuhe und das Priestertumsgewand alten Stils.

Von den aufgezählten Kleidungsstücken spielt das für Männer und Frauen gleichermaßen geforderte „Priestertumsgewand" (Garment of the Holy Priesthood) die wichtigste Rolle, auch im Alltagsleben der Mormonen. Joseph Smith hatte bei der Ausarbeitung seiner Tempelzeremonie von den Freimaurern (vgl. *Die „Tokens" und der „Vorhang" – Endowment und Freimaurer*, S. 127 ff) auch die Idee eines speziellen ‚Gewandes' übernommen. Er deutete dieses ‚Gewand' jedoch als Symbol für die Fellkleidung Adams und als Hinweis auf dessen Priestertum. Zunächst handelte es sich dabei um ein einfaches Hemd mit Schnüren oder Knochen-Knöpfen (Metall war, wie bei den Freimaurern, nicht erlaubt). Es wurde nur für den Vollzug des Tempelrituals angezogen und dann, als eine Art Amulett gegen „zerstörerische Mächte", an einem versteckten Ort aufbewahrt. Sehr schnell jedoch entwickelte sich daraus ein etwas unbequemes, aus grobem Leinen bestehendes, hemdhosen-ähnliches Untergewand (Beinlinge bis zu den Knöcheln, Ärmel bis zu den Handgelenken, direkt am Hals geschlossen), das man nach der erstmaligen Weihe im Tempel ständig, d. h. Tag und Nacht, als Schutz gegen alles Böse tragen mußte. An dieser Verpflichtung, es immer zu tragen, hat sich bis heute im Grunde nichts geändert.

Lange Zeit wurde an der Vorstellung festgehalten, daß dieses „heilige Gewand" in keiner Weise verändert werden dürfte. Noch 1918 ließ die „Erste Präsidentschaft" die Mormonen-Bischöfe wissen:

> „Das Priestertumsgewand, das von jenen getragen wird, die ihr Endowment erhalten, muß weiß sein und dem vorgeschriebenen Muster entsprechen; es darf nicht geändert oder verstümmelt werden und muß getragen werden wie immer, bis zu den Knöcheln und Handgelenken und am Hals geschlossen. Bitte teilen Sie allen jenen mit, denen Sie Empfehlungsscheine ausstellen, daß diese Vorschriften zwingend sind; ... Die Heiligen sollten wissen, daß der Zuschnitt des Endowment-Gewandes vom Himmel her offenbart wurde, und daß die Segnungen, die in Verbindung mit dem Tragen [des Gewandes] verheißen sind, nicht Wirklichkeit werden, wenn irgendwelche unerlaubten Änderungen vorgenommen werden. ..." (in: J. R. Clark, Messages of the First Presidency, Bd. 5, 1971, S. 110).

Diese Anweisung sollte aber schon fünf Jahre später nicht mehr so streng beachtet werden müssen. Die „Erste Präsidentschaft" hatte nämlich „unter Gebet" nachgedacht und dann am 14. Juni 1923 festgestellt, daß „niemals eine festgelegte Form des Priestertumsgewandes existierte" und daß nach Belieben die Ärmel auf Ellbogenlänge oder die Beinlinge auf Knielänge gekürzt und der Halsabschluß tiefer angesetzt werden könnten.

Am 23. August 1955 beklagte sich die „Präsidierende Bischofschaft" in einem Rundschreiben an „Bischöfe" und „Pfahl-Präsidenten" darüber, daß eine ganze Reihe von Mormonen zu unbesonnen mit dem Tempelgewand umgingen. Bei der Freizeitarbeit, beim Camping, Rasenmähen, Autofahren und bei anderen Gelegenheiten würde die Oberbekleidung abgelegt und das „heilige" Untergewand den Blikken der Öffentlichkeit preisgegeben. So etwas sei nicht in Übereinstimmung mit dem „heiligen Zweck" des Tempelgewandes und dürfe daher nicht geduldet werden.

Seit seiner Einführung in das Tempelritual durch Joseph Smith weist jedes Priestertumsgewand vier Markierungen auf, von denen zwei, nämlich das Winkelmaß auf der rechten Brustseite und der Zirkel auf der linken, ebenfalls aus der freimaurerischen Symbolik entlehnt sind. Allerdings hat Smith die mauerische Deutung völlig verändert und seiner eigenen Religion angepaßt. Das *Winkelmaß* ⌋ soll nicht Recht und Gerechtigkeit anzeigen, sondern „die Genauigkeit und Ehre, mit der in Übereinstimmung gelebt wird mit allen Bündnisverpflichtungen, die im Tempel übernommen wurden". Der *Zirkel* V steht nicht für Menschenliebe und Bruderschaft, sondern für die Beherrschung im Bereich der „Wünsche, Triebe und Leidenschaften innerhalb der Grenzen, die der Herr festgesetzt hat". Die anderen beiden Markierungen sind kleine Einschnitte in der Nähe des Bauchnabels („... Mahnung daran, daß Körper und Geist ständig der Nahrung bedürfen") und über dem rechten Knie („... bedeutet, daß sich jedes Knie beugen und jede Zunge bekennen soll, daß Jesus der Christus ist").

Im Hinblick auf junge Mormonen bei der Armee und der damit verbundenen Problematik im Zusammenhang mit Priestertumsgewand und Markierungen schlug Präsident David O. McKay 1964 folgende Regelung vor:

> „Wo die militärischen Vorschriften das Tragen des regulären Priestertumsgewandes unmöglich machen, sollte man sich bemühen, Unterwäsche zu tragen, die dem normalen Priestertumsgewand so nahe wie möglich kommt. ... Wenn gemäß den militärischen Vorschriften das Tragen zweiteiliger Unterwäsche erforderlich ist, sollte diese Unterwäsche mit den genauen Markierungen versehen werden, so als ob es sich um das eigentliche Gewand handelt" (Brief vom 31. August 1964; Kopie im Archiv des Autors).

Für den Fall, daß die Unterwäsche in eine große öffentliche Wäscherei geht, wird dieses vorgeschlagen: Die Markierungen sollen auf kleinen Stoffstückchen angebracht und diese auf die Unterwäsche genäht werden. Vor dem Transport in die Wäscherei solle man die Stoffstückchen entfernen und hinterher wieder an der Unterkleidung befestigen.

Das von den Mormonen so benutzte Kleidungsstück hat nichts mit einer Amtstracht zu tun, sondern ist eindeutig, dem von den Mormonen selbst beschriebenen Zweck zufolge, dem Bereich der Magie und des Aberglaubens zuzuordnen.

Die Rituale und ihre Bedeutung

Die allen „würdigen" Mormonen zugänglichen Tempelrituale lassen sich in drei voneinander unabhängige Blöcke gliedern: (1) Die „stellvertretende Taufe für Tote", (2) das „Endowment" und (3) die „Siegelungen".

Daneben gibt es noch das Ritual der „Zweiten Salbung", von dessen Existenz jedoch normale „Heilige" kaum Kenntnis haben und das nur selten an höchsten Amtsträgern („Apostel" und „Propheten") und wenigen Auserwählten vollzogen wird. In ihrer Gesamtheit werden diese Zeremonien von den Mormonen als „heilige Handlungen" bzw. „heilige Verordnungen" (sacred ordinances) bezeichnet. Der praktische Vollzug dieser „Handlungen" sowie ihre (esoterische) Bedeutung sollen nun dargestellt und analysiert werden.

Zunächst aber noch einige Bemerkungen zum *Organisatorischen.* Zu welchem Zeitpunkt im Verlauf eines Jahres sich die „Patrons" (so lautet die mormonen-eigene und hier beibehaltene Bezeichnung für Tempelbesucher) zu dem für sie zuständigen Tempel begeben können, hängt von dessen „Jahreskalender", d. h. einem besonderen Verzeichnis der „Tempelwochen" ab. Da ein „Tempeldistrikt" immer eine größere Anzahl von Missionen und Pfählen umfaßt, sind für jede einzelne dieser organisatorischen Einheiten bestimmte Zeiten im Jahr (die „Tempelwochen") reserviert. Normalerweise werden Gruppenreisen durchgeführt; die individuelle „Tempelfahrt" ist jedoch auch möglich.

Wenn ein Mormone von der Verwaltung des betreffenden Tempels eine Zusage zum Vollzug der „sacred ordinances" bekommen und sich dorthin begeben hat, sind zuvor noch einige technische Dinge zu erledigen: Am Tempeleingang muß er einem Türhüter seinen „Tempelempfehlungsschein" vorweisen, der geprüft und registriert wird. Danach erhält er im Tempelbüro einen Namenstreifen, der seinen eigenen bzw. auch den des Verstorbenen aufweist, falls stellvertretende Handlungen vorgenommen werden sollen. Zu diesem Zeitpunkt besteht die Möglichkeit, die vorgeschriebene weiße Tempelkleidung zu entleihen, wenn keine eigene mitgebracht worden ist.

Für die technische und zeremonielle Durchführung der verschiedenen Rituale stehen ehrenamtliche „Tempelarbeiter" bereit, von denen einige den Patrons bei ihrem Gang durch den Tempel behilflich sind, während andere bestimmte Funktionen als „Amtierende" bei den Ritualen selbst ausüben. Frauen kümmern sich dabei um die weiblichen und Männer um die männlichen Patrons, mit Ausnahme der „Vorhangsarbeiter", die ausschließlich Männer sind, da sie in der Zeremonie am Vorhang „Gott" repräsentieren.

Das Endowment

Der englische Begriff „endowment" bedeutet soviel wie „Ausstattung" oder „Begabung". Die Tempelbesucher werden also im Rahmen zeremonieller Handlungen mit bestimmten Dingen „begabt" oder „ausgestattet", wozu im wesentlichen „Salbungen" und „Waschungen", „Belehrungen", „Gesetze" und geheime „Zeichen" (Tokens) gehören.

Männer und Frauen – es handelt sich bei den Patrons zum größten Teil um Ehepaare – absolvieren das gesamte Endowment, vom Umkleiden bis zum Durchschreiten des Tempelvorhangs, getrennt, obwohl sie sich, nach Waschung und Salbung in dem gleichen theaterähnlichen Saal einfinden, wo sie die Belehrungen, Gesetze und „Tokens" empfangen. Die Männer nehmen dabei die Plätze auf der rechten und die Frauen die auf der linken Seite ein (in Blickrichtung des Zuschauers). Erst im „celestialen" Raum hinter dem Vorhang kommen die Ehepaare wieder zusammen.

Die „Belehrungen“ über Schöpfung und Sündenfall, Vertreibung aus dem Paradies und Proklamation des (mormonischen) Heilsweges wurden in früheren Zeiten als Schauspiel live auf verschiedenen Tempelbühnen dargeboten. In den neuen Tempeln geschieht dieses mit Hilfe moderner Film- und Tonbandtechnik. Damit entfällt auch der früher übliche Ortswechsel von einem Raum zum anderen entsprechend den einzelnen Drama-Sequenzen.

Nach mormonischer Überzeugung sollte jeder Patron das Endowment in seiner eigenen Muttersprache verfolgen, auch wenn er andere Sprachen beherrscht. Zur Zeit (1994) werden die Tempelrituale weltweit in über 50 Sprachen vermittelt, einschließlich der Zeichensprache für Taubstumme. Für blinde Mormonen werden, in Absprache mit dem Tempelpräsidenten, Sonderarrangements getroffen.

Das Endowment beginnt mit einer ganz praktischen Handlung: Jeder Tempelbesucher wird, wenn er *das erste Mal für sich selbst* bzw. *danach stellvertretend für Tote* die Zeremonien durchläuft, rituell gewaschen und gesalbt, um ihn physisch und emotional auf das Kommende einzustimmen und mit besonderen „Segnungen“ zu versehen. In Vorbereitung auf diese Rituale zieht der Patron alle Kleidungsstücke aus und legt sie in ein Schließfach. An ihrer Stelle streift er sich einen etwa 90 cm breiten und 2 1/2 m langen Poncho (engl.: shield) über, der die Seiten offen läßt. Anschließend nimmt er sein Priestertumsgewand sowie den Namensstreifen und begibt sich in den Waschungs- und Salbungsraum.

Beim Betreten des ersten Abschnitts dieses Raumes nimmt ihm der Tempelarbeiter das Priestertumsgewand ab und hängt es über einen Handtuchhalter. Zu Beginn der in einer kleinen Kabine stattfindenden Handlung taucht der Tempelarbeiter seine rechte Hand in fließendes Wasser und beginnt den Körper des Patron zeremoniell zu waschen. Während er die Formel rezitiert, berührt er jeden bei diesem Ritual angesprochenen Teil des Körpers mit seinen Fingern, wobei er unter den Poncho greift. Die Worte der Waschung lauten:

„Bruder (Schwester) …, bevor Sie Ihre Salbung empfangen, wasche ich Sie in Vollmacht (für und anstelle von … *[Pause – der Patron hält den Namensstreifen hoch, so daß der Tempelarbeiter ihn lesen kann, nennt den Namen des Verstorbenen, und der Tempelarbeiter wiederholt ihn]*, der/die tot ist), damit Sie vom Blut und von den Sünden dieser Generation rein sein werden. Ich wasche Ihr Haupt, damit Ihr Verstand und Ihr Intellekt klar und aktiv seien; Ihre Ohren, damit sie das Wort des Herrn hören; Ihre Augen, damit sie klar sehen und zwischen Wahrheit und Irrtum unterscheiden mögen; Ihre Nase, damit sie riechen möge; Ihre Lippen, damit sie nichts Arglistiges aussprechen; Ihren Hals, damit er Ihren Kopf aufrecht erhalte; Ihre Schultern, damit sie die Lasten tragen mögen, die auf sie geladen werden sollen; Ihren Rücken, damit dort Mark in den Knochen und im Rückgrat sei; Ihre Brust, damit sie ein Gefäß reiner und tugendhafter Grundsätze sei; Ihre lebenswichtigen [inneren] Organe, damit sie gesund und stark seien und ihre Funktionen erfüllen; Ihre Arme und Hände, damit sie stark seien und das Schwert der Gerechtigkeit zur Verteidigung von Wahrheit und Tugend führen; Ihre Lenden, damit Sie fruchtbar seien, sich vermehren und die Erde füllen, um Freude an Ihrer Nachkommenschaft zu haben; Ihre Beine und Füße, damit Sie laufen und nicht müde werden, gehen und nicht matt werden mögen."

Die Waschung wird anschließend von zwei Tempelarbeitern durch Handauflegung bestätigt, wobei einer die Formel spricht:

„Bruder (Schwester) …, in Vollmacht legen wir Ihnen die Hände auf (für und anstelle von … *[Pause – der Patron und der Tempelarbeiter sprechen den Namen des Verstorbenen]*, der/die tot ist) und versiegeln diese Waschung, damit Sie, aufgrund Ihrer Treue, rein werden vom Blut und von den Sünden dieser Generation, im Namen Jesu Christi. Amen."

Der Patron begibt sich nun in einen anderen Teil des Raumes, wo er auf einer gekachelten, thronähnlichen Sitzgelegenheit Platz nimmt. Ein Tempelarbeiter träufelt ein paar Tropfen Öl aus einem Gefäß auf seine Hand und auf den Kopf des Patron und beginnt dann dessen Körper zu salben, indem er seine Finger in das Öl taucht und damit die einzelnen Teile des Körpers berührt. Die Worte dieser Salbung lauten:

> „Bruder (Schwester) ..., in Vollmacht gieße ich dieses heilige Salbungsöl auf Ihr Haupt (für und anstelle von ... *[Pause – der Patron und der Tempelarbeiter nennen den Namen des Verstorbenen]*, der/die tot ist) und salbe Sie in Vorbereitung darauf, daß Sie ein König und Priester (Königin und Priesterin) dem Höchsten Gott werden, um einst im Hause Israel auf ewig zu herrschen und zu regieren. Ich salbe Ihr Haupt, damit Ihr Verstand und Ihr Intellekt klar und aktiv seien; Ihre Ohren, damit ..." *[weiterer Text wie bei der Waschung]*.

Durch Handauflegen wird die Salbung von zwei Tempelarbeitern bestätigt; einer spricht die Formel:

> „Bruder (Schwester) ..., in Vollmacht legen wir Ihnen die Hände auf (für und anstelle von ... *[Pause – Patron und Tempelarbeiter nennen den Namen des Verstorbenen]*, der/die tot ist) und bestätigen Ihnen diese Salbung, mit der Sie im Tempel unseres Gottes gesalbt worden sind, in Vorbereitung darauf, ein König und Priester (Königin und Priesterin) dem Höchsten Gott zu werden und einst im Hause Israel auf ewig zu herrschen und zu regieren; wir siegeln Sie mit allen dazugehörenden Segnungen, aufgrund Ihrer Treue, im Namen Jesu Christi. Amen."

Der Patron betritt nun den dritten Teil des Raumes, um zeremoniell in das Priestertumsgewand gekleidet zu werden, das er hierher mitgebracht hat. Der Tempelarbeiter nimmt es in die Hände und hilft dem Patron, es unter den Poncho anzuziehen, wobei er die Formel spricht:

> „Bruder (Schwester) ..., in Vollmacht lege ich Ihnen (für und anstelle von ... *[Pause – Patron und Tempelarbeiter nennen den Namen des Verstorbenen]*, der/die tot ist) dieses Gewand an, das Sie Ihr ganzes Leben lang tragen müssen. Es stellt das Gewand dar, das Adam gegeben wurde, als man im Garten Eden seine Nacktheit entdeckte; es wird das Gewand des Heiligen Priestertums genannt. Wenn Sie es nicht

entweihen, sondern wahr und gläubig zu Ihren Bündnisverpflichtungen stehen, wird es Ihnen als Schild und Schutz dienen gegen die Macht des Zerstörers, bis Sie Ihre Aufgabe hier auf Erden erfüllt haben. Mit diesem Gewand gebe ich Ihnen einen Neuen Namen, den Sie nicht vergessen dürfen und stets heilig halten müssen und nie enthüllen dürfen, ausgenommen an einem Ort, der Ihnen später gezeigt werden wird. Der Name lautet ‚...'".

Die „Namen" werden sowohl der Bibel entnommen, also: Mose, Abraham, Joseph, Martha, Maria usw., als auch dem Buch Mormon: Lehi, Nephi, Jered u.a. Alle an einer „session" des gleichen Endowment teilnehmenden Patrons erhalten den gleichen „Neuen Namen" (die Männer natürlich einen männlichen und die Frauen einen weiblichen), der jedoch von Tag zu Tag wechselt. Sollte z.B. für den Stichtag ‚7. April' vom „Temple Committee" für alle Mormonen-Tempel in der Welt der Name „Joseph" festgelegt worden sein, so erhalten alle Männer diesen, die Frauen den entsprechenden für sie bestimmten „Neuen Namen". Eine Ausnahme bilden solche Patrons, die für einen Verstorbenen durch den Tempel gehen, dessen Vorname – oder auch ihr eigener – zufälligerweise mit dem „Neuen Namen" identisch ist. Sie bekommen einen anderen, was durch einen Kreidestrich auf dem Namensschildchen kenntlich gemacht wird.

Gemäß mormonischer Vorstellung soll die Vergabe des „Neuen Namens" den Beginn eines neuen Lebens symbolisieren; dessen eigentliche Funktion und praktische Bedeutung kommt jedoch erst bei und nach der Auferstehung zum Tragen. Die Mormonen glauben nämlich, daß die männlichen Patrons am Morgen der Auferstehung mit ihren „Neuen Namen" aus den Gräbern gerufen werden, um dann ihrerseits die Ehefrau mit deren „Namen" zur Auferstehung zu rufen. Deshalb besteht das Gebot, daß der Ehemann seinen „Neuen Namen" niemanden, auch nicht der eigenen Frau, enthüllen darf, während umgekehrt die Ehefrau ihren „Namen" dem Ehemann mitteilen muß.

Die Patrons gehen nun zu ihren Schließfächern zurück, legen den Poncho ab und ziehen ihre weiße Tempelkleidung an. Dann begeben sie sich in den „Endowment-Saal", nehmen Platz und werden von einer Tonband-Stimme begrüßt. Es folgen praktische Erklärungen und Ermahnungen („Seien Sie wachsam und bei der Sache; flüstern Sie nicht miteinander während des Endowment"), und schließlich wird noch einmal auf die ‚Ernsthaftigkeit' des gesamten Rituals hingewiesen:

> „Das Endowment hat den Sinn, Sie für die Erhöhung in das Celestiale Reich vorzubereiten. Wenn Sie nun weitermachen und Ihr volles Endowment bekommen, wird man von Ihnen verlangen, heilige Verpflichtungen zu übernehmen, deren Nichtbeachtung das Gericht Gottes auf Sie herabbringt; denn Gott läßt sich nicht spotten. Wer also jetzt lieber Abstand nehmen, als die Verpflichtungen aus freiem Willen auf sich nehmen möchte, mag das durch Heben der Hand anzeigen" *[Pause]*.

Geschieht dies nicht, so wird damit bekundet, daß nun alle Patrons bereit sind, den folgenden etwa 90minütigen Hauptteil des Endowment zu durchlaufen. Es handelt sich dabei um die szenische Nachzeichnung des Weges, den (nach mormonischem Verständnis) ein aus der Prä-Existenz kommender Geistesfunke durch die irdische Materie gehen kann, um schließlich – ‚belehrt' und ‚getestet', d.h. ‚geistig entwickelt' und mit den notwendigen „Erkennungszeichen" (Tokens) versehen – nach der Auferstehung in die „Gegenwart der Götter" zurückzukehren. Oder anders ausgedrückt: Das „Endowment" möchte den Versuch unternehmen, die allem Denken und Glauben zugrunde liegenden Fragen nach dem „Woher" und „Wohin" des Menschen in der ihm eigenen und für Mormonen gültigen Weise zu beantworten.

Es beginnt (mit Hilfe des Mediums Film) eine künstlerisch nachempfundene Darstellung der Entstehung der Welt und der ersten Menschen, des Sündenfalls und der Vertreibung aus dem Garten Eden. Adam und Eva werden im Verlauf des Endowment immer mehr zu mormonischen Symbolfiguren, mit denen sich die Patrons allmählich so weit identifizieren, daß sie bei verschiedenen Abschnitten des Rituals selbst als „Adam" bzw. „Eva" angesprochen und in das Geschehen einbezogen werden können.

Die Zuschauer lernen zunächst drei Götter kennen: den obersten Gott „Elohim" und seine beiden Gehilfen „Jehova" und „Michael". Der erste Schöpfungstag hört sich im Endowment so an:

> „*Elohim*: Jehova, Michael, seht: Dort unten ist ungeordnete Materie. Geht hinunter und formt eine Welt, die gleich ist den Welten, die wir vorher schon geschaffen haben. Nennt eure Werke ‚Erster Tag' und bringt mir einen Bericht.
> *Jehova*: So soll es geschehen, Elohim; komm Michael, laß uns hinuntergehen.
> *Michael*: Gehen wir, Jehova.
> *Jehova*: Michael, sieh: Hier ist ungeordnete Materie. Wir werden sie in eine Welt verwandeln, die gleich ist den Welten, die wir vorher schon geschaffen haben. Wir werden unsere Werke ‚Erster Tag' nennen, zurückkehren und Bericht erstatten.
> *Michael*: Wir werden zurückkehren und von unseren Werken des Ersten Tages berichten, Jehova.
> *Jehova*: Elohim, wir sind unten gewesen, wie du es angeordnet hast, und haben eine Welt geformt, die den Welten gleich ist, die wir vorher schon geschaffen haben; und wir haben unsere Werke genannt ‚Erster Tag'.
> *Elohim*: Es ist gut."

Sechster Tag. Elohim fragt Jehova: „Gibt es Menschen auf der Erde?", was dieser verneint. Daraufhin beschließen die beiden Götter, „nach unten" zu gehen, um den Menschen „zu formen". Elohim und Jehova lassen ihren bisher recht wortkargen Gefährten Michael in einen tiefen Schlaf fallen, aus dem dieser als „Adam" wieder erwacht. Der „Erzähler" in der Dramaturgie verdeutlicht:

> „*Erzähler*: Brüder und Schwestern, dies ist Michael, der mitgeholfen hat, die Erde zu formen. Wenn er von dem Schlaf erwacht, den Elohim und Jehova haben über ihn kommen lassen, wird man ihn als Adam erkennen und, da er alles vergessen hat, wird er wie ein kleines Kind sein."

Eva wird aus der Rippe Adams gestaltet und diesem zur Frau gegeben. Nach einer Weile tritt „Luzifer" ins Bild, gekleidet in ein blutrotes Samtgewand und einen Schurz mit drei sich ringelnden Schlangen. Er beglückwünscht Adam zu seiner „schönen neuen Welt". In seiner späteren Verführungsrede vor Eva betont Luzifer die Notwendigkeit, „Erkenntnisse" zu sammeln, denn auch Gott habe sein „Wissen" durch das Essen der „Frucht der Erkenntnis" erlangt.

Nach der Vertreibungsszene – Adam opfert gerade an einem Steinaltar – wird der Film angehalten und den Patrons das „Gesetz des Opfers" übergeben. Sie müssen versprechen, „so wie Jesus Christus sein Leben zur Erlösung gegeben hat", alles, bis hin zum eigenen Leben, in den Dienst ihrer Religionsgemeinschaft zu stellen, „um das Reich Gottes zu erhalten und zu verteidigen".

Gleich darauf tritt „Elohim" (in Gestalt eines Tempelarbeiters) auf und übergibt den Anwesenden das „Erste Erkennungszeichen des Aaronischen Priestertums".

Bis zum Abschluß des Endowment werden insgesamt vier dieser „Erkennungszeichen" (Token) vergeben, zwei „aaronische" und zwei „melchizedekische".

Noch Anfang 1990 bestanden die „Tokens" aus je vier Teilen: Handgriff, Name (Schlüsselwort), Zeichen und Strafgeste. Die Strafgesten („wie man bei Geheimnisverrat sein Leben verlieren kann") werden seit 1990 nicht mehr trainiert. Als Beispiel für die Struktur aller Token und um zu verdeutlichen, was Zehntausende von Tempelmormonen bis dahin praktiziert haben, sei hier jedoch das „Erste Kennzeichen" mit Strafgeste dokumentiert.

Die Handgriffe, Zeichen, Schlüsselworte sind (nach mormonischer Meinung) notwendig, um nach der Auferstehung in die Gegenwart Gottes zu gelangen. Der Zugang zum Reich Gottes wird nämlich von himmlischen Wächtern, den Cherubim, bewacht, die alle Ankömmlinge streng nach den Schlüsselworten fragen und sich die Griffe vorführen lassen.

Erstes Erkennungszeichen des Aaronischen Priestertums

„*Elohim*: Wir geben Ihnen jetzt das Erste Erkennungszeichen des Aaronischen Priestertums mit dem dazugehörigen Namen, der Geste und der Strafe. Zuvor jedoch möchten wir Ihnen ausdrücklich den heiligen Charakter des Ersten Erkennungszeichen des Aaronischen Priestertums samt dem dazugehörigen Namen, der Geste und der Strafe vor Augen halten, genauso wie denjenigen aller Erkennungszeichen des Heiligen Priestertums mit den dazugehörigen Namen, Gesten und Strafen, die Sie heute im Tempel erhalten werden. Diese sind im höchsten Maße heilig und werden durch feierliche Verpflichtungen zur Geheimhaltung gesichert, so daß Sie sie unter keiner Bedingung, nicht einmal unter Lebensgefahr, verraten werden, außer an einem bestimmten Ort, der Ihnen später gezeigt wird. Wie die Ausführung der Strafen dargestellt wird, zeigt die verschiedenen Möglichkeiten, durch die man das Leben verlieren kann."

Das Erste Erkennungszeichen des Aaronischen Priestertums: Die rechten Hände zusammenlegen und das Daumengelenk direkt auf den ersten Knöchel der (anderen) Hand drücken; in dieser Weise: Der Amtierende nimmt den männlichen Zeugen, der am Altar kniet und Adam verkörpert, bei der rechten Hand und macht den Griff für die Zuschauer vor.

„Wir geben Ihnen das Erste Erkennungszeichen des Aaronischen Priestertums. Wir wünschen, daß es jeder bekommt. Alle mögen sich erheben."

Die Patrons stehen an ihren Plätzen. Das Zeugen-Paar kehrt zu seinem Sitz zurück. Mehrere Tempelarbeiter gehen durch die Reihen der Patrons und geben jedem den Griff. Wer ihn erhalten hat, setzt sich wieder.

„Wenn jemand von Ihnen das Zeichen noch nicht bekommen hat, möge er seine Hand heben *[Pause]*. Der Name des Zeichens ist der Neue Name, den Sie heute im Tempel erhalten haben. Wenn jemand von Ihnen den Namen vergessen hat, möge er bitte aufstehen *[Pause]*. Die Geste wird gemacht, indem man den rechten Arm hochhebt und anwinkelt, die Handfläche nach vorne, die Finger zusammen und den Daumen abstehend."

Der Amtierende macht die Geste für die Zuschauer vor:

„Dieses ist die Geste."

Der Amtierende fährt mit der Demonstration fort:

„Die Strafe wird zeichenhaft durchgeführt, indem man den Daumen unter das linke Ohr hält, die Handfläche nach unten, dann sehr schnell mit dem Daumen über die Kehle zum rechten Ohr zieht und die Hand zur Seite fallen läßt. Ich werde Ihnen nun die Verpflichtungen zur Geheimhaltung erklären, die zu diesem Erkennungszeichen, seinem Namen, seiner Geste und seiner Strafe gehören, und die Sie auf sich nehmen müssen. Wenn ich heute mein eigenes Endowment bekäme und wenn mir ‚John' als mein Neuer Name gegeben worden wäre, würde ich im Stillen diese Worte wiederholen und dabei die Geste ausführen, die ja gleichzeitig die Ausführung der Strafe bedeutet.

Ich, John, verpflichte mich, das Erste Erkennungszeichen des Aaronischen Priestertums samt Namen, Geste und Strafe nicht zu enthüllen. Lieber würde ich erdulden *[Pause – rechter Daumen unter linkes Ohr]*, daß ich mein Leben verliere *[Pause – zieht den Daumen schnell über die Kehle zum rechten Ohr und läßt die Hände an den Seiten fallen]*. Alle mögen sich erheben."

Die Patrons stehen auf.

„Jeder von Ihnen möge die Geste des Ersten Erkennungszeichens des Aaronischen Priestertums machen, indem er den rechten Arm anwinkelt, die Handfläche nach vorne, die Finger zusammen und den Daumen abstehend. Dies ist die Geste."

Alle Patrons machen die Geste.

„Nun sprechen Sie mir im Stillen die Worte der Verpflichtung nach, mit gleichzeitiger Ausführung der Strafe.

Ich ..., (Denken Sie an den Neuen Namen), verpflichte mich, das Erste Erkennungszeichen des Aaronischen Priestertums samt Namen, Geste und Strafe nicht zu enthüllen. Lieber würde ich erdulden, daß ich mein Leben verliere."

Alle Patrons legen die Daumen unter das linke Ohr, ziehen sie schnell über die Kehle zum rechten Ohr und lassen die Hände zur Seite fallen.

„Das genügt."

Die Patrons setzen sich. Wenn auch nur einer von ihnen bei der zeichenhaften Ausführung der Strafe einen Fehler macht, muß diese von allen Patrons noch einmal wiederholt werden.

Der Film läuft weiter und zeigt in den nächsten Szenen, die jetzt außerhalb des Paradieses („in der einsamen und öden Welt") spielen, die Fortsetzung des Streites zwischen Adam und Eva auf der einen und Luzifer auf der anderen Seite. Geschildert wird ein geistiger Kampf um die ‚Wahrheit'. (Anmerkung: Bis 1990 wurde Luzifer in diesem Endowment-Drama noch durch einen von ihm engagierten christlichen Prediger, als ‚Repräsentant' der Kirchen und Freikirchen, unterstützt. Der Prediger versuchte dabei, „falsche Lehren", d.h. biblisch-christliche, zu vertreten, wogegen sich Adam und Eva jedoch gefeit zeigten. Am Ende bekehrte sich auch der Prediger zur „Wahrheit" des Mormonismus. Diese Figur hat die Dramaturgie nun gestrichen).

Im weiteren Verlauf des Films treten noch einmal Elohim und Jehova in Erscheinung. Sie beschließen, die Apostel Petrus, Jakobus und Johannes inkognito auf die Erde zu schicken, um Adam und Eva in ihrer (mormonischen) Glaubenstreue und der Kenntnis des „Ersten Token" zu überprüfen. Sie kehren zurück und erstatten Elohim Bericht. Bei ihrem zweiten Auftreten stellen sie sich als „Apostel" vor und weisen sich durch verschiedene Handgriffe als „echte Boten des Vaters" aus. Dann vertreiben sie Luzifer aus der Gegenwart der Menschen. – Hier endet der Film. Alle weiteren Anweisungen kommen nun live oder vom Tonband.

Ein „Amtierender" übernimmt die Position des „Petrus", übergibt das „Gesetz des Evangeliums", läßt die Patrons die mitgebrachte rituelle Tempelkleidung (Robe, Schurz, Kappe, Schärpe) anlegen und demonstriert das „Zweite Erkennungszeichen des Aaronischen Priestertums". Gemäß dem „Gesetz des Evangeliums" ist es den Patrons unter anderem nicht erlaubt, „laut zu lachen" und „böse über die Gesalbten des Herrn" (d. h. die Mormonenführer) zu reden.

Es folgen das „Gesetz der Keuschheit" (sexueller Verkehr nur in der Ehe), das „Erste Erkennungszeichen des Melchizedekischen Priestertums" und das „Gesetz der Hingabe". Der Amtierende nimmt das Buch „Lehre und Bündnisse" vom Altar hoch und erklärt die Verpflichtung dieses Gesetzes:

> „Es bedeutet, daß Sie sich selbst, Ihre Zeit, Ihre Begabungen und alle Dinge, mit denen Sie der Herr gesegnet hat oder noch segnen wird, der Kirche Jesu Christi der Heiligen der Letzten Tage widmen, um das Reich Gottes auf Erden zu bauen und Zion zu errichten."

Nach der Übergabe des „Zweiten Erkennungszeichen des Melchizedekischen Priestertums" (ohne das dazugehörige Schlüsselwort, das erst später mitgeteilt wird), erfahren die Patrons in einer kurzen Ansprache, wie das alles zu verstehen sei, was sie bisher im Endowment erlebt und gesehen haben.

Nun entwickelt sich das Endowment langsam auf den Höhepunkt, die Vorhangzeremonie, zu. Ganz praktisch geht es dabei um das Durchschreiten des Tempelvorhangs und das Betreten des dahinter liegenden „Celestialen Raumes", symbolisch aber um den Eintritt in das „Reich Gottes". Der Amtierende (immer noch als „Petrus") zeigt den Anwesenden ein Modell des Vorhangs und erklärt:

> „Brüder und Schwestern, dies ist der Vorhang des Tempels. Wir werden Ihnen nun die Bedeutung der Markierungen auf dem Vorhang erklären. Diese vier Zeichen sind die Zeichen des Heiligen Priestertums; entsprechende Markierungen finden sich auf Ihren individuellen Gewändern. Dieses ist das Zeichen des Winkelmaßes. Es befindet sich auf dem Gewand über der rechten Brustseite und bedeutet die Genauigkeit und Ehre, mit der in Übereinstimmung gelebt wird mit allen Bündnisverpflichtungen, die heute im Tempel übernommen wurden. Dieses ist das Zeichen des Zirkels. Es befindet sich auf dem Gewand über der linken Brustseite und bedeutet, daß alle Wünsche, Triebe und Lei-

denschaften innerhalb der Grenzen gehalten werden müssen, die der Herr festgesetzt hat; und daß alle Wahrheit umrissen werden kann als ein großes Ganzes. Dies ist die Nabel-Markierung. Sie befindet sich auf dem Gewand über dem Nabel als Mahnung daran, daß Körper und Geist ständig der Nahrung bedürfen. Dies ist die Knie-Markierung. Sie befindet sich auf dem rechten Hosenbein des Gewandes über dem Knie und bedeutet, daß sich jedes Knie beugen und jede Zunge bekennen soll, daß Jesus der Christus ist.

Diese übrigen drei Markierungen dienen der besseren Arbeit am Vorhang. Durch diese streckt die Person, die den Herrn repräsentiert, ihre rechte Hand, um unsere Kenntnisse der Zeichen des Heiligen Priestertums zu prüfen; durch diese stellt er uns bestimmte Fragen; und durch diese letzte Markierung geben wir unsere Antworten. Da alle von Ihnen durch den Vorhang hindurch müssen, werden wir Ihnen jetzt zeigen, wie das geschieht."

Die Patrons begeben sich dann, nachdem ihnen der Ablauf beispielhaft demonstriert worden ist, in den „Terrestrialen Raum", in dem der Vorhang hängt. Dort nehmen sie wieder Platz, bis sie zu den einzelnen Segmenten des Vorhangs dirigiert werden.

Bei jeder individuellen Vorhang-Zeremonie sind drei Personen beteiligt: (1) der „Veil Worker" als Amtierender hinter dem Vorhang; er repräsentiert den „Herrn" (Gott) und nimmt die Prüfung der Tokens ab, – (2) der Patron und (3) der „Introducer", der dem Patron technisch hilft und ihn beim „Herrn" einführt. Alle „Veil Worker" sind (naturgegeben) Männer. Die Vorhang-Segmente sind jedoch aufgeteilt in solche für Männer und andere für Frauen. Weibliche „Introducer" helfen den weiblichen Patrons.

Die Zeremonie am Vorhang

Während sich der Patron dem Vorhang nähert, nimmt der Introducer dessen Namensstreifen und klopft dann dreimal mit einem kleinen Holzhammer gegen den Vorhangrahmen. Der Veil Worker [in der Funktion des ‚Herrn'] teilt den Vorhang ein wenig mit seiner rechten Hand.

„*Herr*: Was wird begehrt?"

Der Introducer hält dem Veil Worker den Namensstreifen des Patron entgegen, damit dieser ihn lesen kann, gleichzeitig beginnt er seine Einführung:

„*Introducer*: Adam, der in allen Dingen wahrhaftig und gläubig gewesen ist, möchte weiteres Licht und Wissen, indem er mit dem Herrn durch den Vorhang spricht (für und anstelle von ..., der tot ist)."

Der Veil Worker liest den Namensstreifen. Zwischen Veil Worker, Introducer und Patron darf außer dem festgelegten, rituellen Dialog nicht gesprochen werden. Wenn der Patron einen Fehler macht, verbessert der Introducer ihn und der Patron wiederholt die korrigierte Stelle. Wenn der Introducer einen Fehler überhört, stoppt der Veil Worker sofort und stellt die gleiche Frage noch einmal, um anzudeuten, daß ein Fehler gemacht wurde.

„*Herr*: Bringe ihn zum Vorhang, und seiner Bitte soll entsprochen werden."

Der Introducer plaziert den Patron nun genau vor dem Vorhang-Segment; der Veil Worker streckt seine rechte Hand durch die Nabel-Markierung und ergreift die rechte Hand des Patron im Ersten Erkennungszeichen des Aaronischen Priestertums.

„*Herr*: Was ist das?
Patron: Das Erste Erkennungszeichen des Aaronischen Priestertums.
Herr: Hat es einen Namen?
Patron: Ja.
Herr: Sagst du ihn mir?
Patron: Ja, durch den Vorhang."

Der Patron flüstert den Neuen Namen. Der ‚Herr' läßt nun dessen Hand los und ergreift sie mit dem Zweiten Erkennungszeichen des Aaronischen Priestertums.

Der ganze Ablauf entspricht genau der vorherigen Übungs-Szene, bis zu der Stelle, wo der ‚Herr' nach dem Namen des zweiten Erkennungszeichen des Melchizedekischen Priestertums fragt:

„*Herr*: Sagst du ihn mir?

Patron: Ich kann es nicht. Ich habe ihn noch nicht erhalten. Deshalb bin ich gekommen, um mit dem Herrn durch den Vorhang zu sprechen.

Herr: Dies ist der Name des Zeichens: Gesundheit im Nabel, Mark in den Knochen, Kraft in den Lenden und den Muskeln, Macht im Priestertum sei mit mir und meiner Nachkommenschaft durch alle Generationen in der Zeit und in alle Ewigkeit. *[Pause]*

Was ist das?

Patron: Das zweite Zeichen des Melchizedekischen Priestertums, der Patriarchalische Griff, oder das Wahre Zeichen des Nagels.

Herr: Hat es einen Namen?

Patron: Ja.

Herr: Sagst du ihn mir?

Patron: Ja, durch den Vorhang: Gesundheit im Nabel, Mark in den Knochen, Kraft in den Lenden und den Muskeln, Macht im Priestertum sei mit mir und meiner Nachkommenschaft durch alle Generationen in der Zeit und in alle Ewigkeit.

Herr: Das ist richtig."

Der Introducer schlägt dreimal mit seinem Holzhammer gegen den Rahmen. Der ‚Herr' teilt mit seiner rechten Hand den Vorhang ein wenig:

„Was wird begehrt?

Introducer: Adam, der mit dem Herrn durch den Vorhang gesprochen hat, möchte in seine Gegenwart eintreten."

Der Veil Worker teilt den Vorhang, faßt den Patron bei der rechten Hand und sagt, während er ihn durch den Vorhang geleitet:

„*Herr*: *[feierlich]* Laß ihn eintreten!"

Der Patron geht dann am Veil Worker vorbei, mit einem kurzen Gruß oder einer Dankesgeste, und weiter in den Celestialen Raum hinein. Damit ist die Endowment-Zeremonie beendet.

Der Celestiale Raum ist ein elegant eingerichteter Aufenthaltsraum. Er hat keine besondere Funktion außer der, daß der Patron sich hier ein paar Minuten aufhalten darf, um eventuell auf den Ehepartner, auf Freunde oder Angehörige zu warten, bis auch diese durch den Vorhang kommen. Gespräche sind nur im Flüsterton erlaubt.

Die Patrons verlassen ihn durch eine Seitentüre und begeben sich, immer noch in ihren Tempelkleidern, nach unten in den Raum mit den Schließfächern. Dort ziehen sie ihre Alltagskleider wieder an und sind frei, den Tempel jederzeit zu verlassen.

Anmerkungen zum Endowment: Als Verfasser bzw. Bearbeiter des Endowment haben Joseph Smith und Brigham Young zu gelten. Die inhaltlichen Aussagen stammen demnach von Smith, da sie in den Grundzügen schon in seinen Schriften „Lehre & Bündnisse" und „Köstliche Perle" (hier besonders „Das Buch Abraham") enthalten sind. Einer Aussage Brigham Youngs zufolge habe er selbst dann den ganzen Stoff und die schon vorhandenen einzelnen Elemente des Rituals in einen systematischen Rahmen gebracht:

> „Als wir damals unsere Waschungen und Salbungen aus den Händen des Propheten erhielten, hatten wir dafür nur einen einzigen Raum. Dort wurden wir gewaschen und gesalbt, bekamen unsere Gewänder umgehängt und erhielten unsere neuen Namen. Und nachdem er diese Zeremonien ausgeführt hatte, gab er die Schlüsselworte, Gesten, Zeichen und Strafen. Danach gingen wir in den großen Raum über dem Laden in Nauvoo. Smith teilte den Raum ab, so gut es ging, hängte den Vorhang auf, versah ihn mit Markierungszeichen, gab uns Anweisungen, als wir von einem Teil des Raumes in den anderen gingen und gab uns wieder die Schlüsselworte, Gesten und Zeichen, die dazugehören. Nachdem wir damit fertig waren, sagte Bruder Joseph zu mir: ‚Bruder Brigham, das ist alles noch nicht ganz richtig, aber wir haben unter den gegebenen Umständen das beste daraus gemacht. Ich möchte, daß du die ganze Sache in die Hand nimmst und diese Zeremonie organisierst und systematisierst mit den Zeichen, Gesten, Strafen und Schlüsselworten'. Das habe ich getan; und als wir dann durch den Tempel in Nauvoo gingen, da wußte ich ganz genau, wie ich sie zu plazieren hatte. Unsere Zeremonien waren höchst korrekt" (Tagebucheintragung, 7. Feburar 1877, von L. John

Nuttali über ein Gespräch mit Brigham Young; zitiert in: Hyram L. Andrus, God, Man and the Universe, 1968, S. 334).

Am 4. Mai 1842 weihte J. Smith neun führende Mormonen in die „Prinzipien und die Ordnung des Priestertums" (d.h. das Endowment) ein. Im Laufe der Zeit wurde die Urfassung an manchen Stellen lehrmäßig geglättet (zuletzt Anfang 1990) und durch den Einsatz moderner Medien der heutigen Didaktik angepaßt.

Waschungen und Salbungen

Verschiedenen Quellen ist zu entnehmen, daß es bereits einige Zeit vor der Weihe des ersten Mormonen-Tempels in Kirtland (1836) rituelle Waschungen und Salbungen gab, die Joseph Smith zunächst im Kreise seiner „Apostel" und engsten Vertrauten praktizierte. Es ist sehr wahrscheinlich, daß der „Prophet" die entsprechenden Vorstellungen im alttestamentlichen Buch Exodus 29 vorgefunden hatte, wo von einer Anweisung Jahwes an Mose die Rede ist, Aaron und seine Söhne beim Eintritt in das Heilige Zelt und vor dem Anlegen der Priestertumsgewänder rituell zu waschen und Aaron selbst dann mit besonderem Öl zu salben (Ex 29,4ff). Im Kontext der „Wiederherstellung" wurde demnach auch diese Praxis, in modifizierter Form, in das mormonische Religionssystem übernommen und zum Bestandteil der sich gerade entwickelnden Tempelrituale gemacht.

Mit den Waschungen weist das Mormonen-Endowment ein Element auf, das auch zum Bestand anderer Religionen und Kulte gehört und bis in die Frühzeit menschlicher Religiosität zurückreicht. In der Urerfahrung des Menschen, es mit göttlichen und dämonischen Mächten zu tun zu haben, ist wohl der Ausgangspunkt für die verschiedenen, oft magisch verstandenen Reinigungszeremonien zu sehen, wobei der Gegensatz ‚Gottheit-Mensch' die Analogie des Gegensatzes ‚rein-unrein' begründete. Wer sich als Mensch der Gottheit nähern will, muß sich deshalb zunächst in einen

Zustand körperlicher und seelisch-geistiger Reinheit bringen. Durch eine entsprechende Handlung kann man sich aber auch von ‚Anhaftungen' dämonischer Mächte befreien. Seit jeher ist Wasser als das brauchbarste und symbolkräftigste Reinigungsmittel benutzt worden.

Besondere rituelle Waschungen waren immer auch für Kultpriester vorgesehen, die hauptamtlich mit der jeweiligen Gottheit zu tun hatten. Das alttestamentliche Judentum etwa hat entsprechende Regeln in 2 Mose/Exodus 30,17ff und 3 Mose/Levitikus 16,24 überliefert. Die heiligen Schriften anderer Religionen enthalten ähnliche Anweisungen für ihre Priester.

In das Christentum hat die rituelle Waschung in Form der Taufe Eingang gefunden, was besonders durch Untertauchen erkennbar wird. Dabei handelt es sich jedoch nicht – wie bei den Reinigungszeremonien der anderen Religionen – um eine Handlung, die der Mensch an sich selber vornimmt, um vor der Gottheit ‚rein' zu sein, sondern umgekehrt um ein Handeln Gottes am Menschen (dem Täufling).

Da die Mormonen neben ihrer Taufe noch die Waschung zelebrieren, muß diese einem besonderen Zweck dienen. Der Tempelarbeiter nennt ihn gleich zu Beginn des Ritus:

> „... damit sie vom Blut und von den Sünden dieser Generation rein werden".

Erstaunlicherweise werden aber beim Benetzen (Waschen) der einzelnen Körperpartien nun nicht die Verfehlungen („in Worten und Werken") genannt, die damit vielleicht begangen wurden: das Böse, das sich der Kopf (Verstand) ausdachte; die Schlechtigkeit, die die Ohren hörten; die Lüge, die der Mund weitergab; die Falschheit, die das Herz verbarg; die Hilfe, die die Hände und Arme nicht gewährten, usw. Stattdessen werden überwiegend Wünsche für allgemeines Wohlbefinden und für die Gesundheit einzelner Körperteile ausgesprochen. Lediglich drei Organe bekommen eine religiöse Ausrichtung, im Kontext dieser Tempelrituale aber wohl eindeutig auf den Mormonismus eingegrenzt: Die Ohren mögen das Wort des Herrn hören (sicher das mormonische ‚Evangelium'); die Augen sollen zwischen Wahrheit (= Mormonismus) und Irrtum unterscheiden; und die Arme mögen so stark sein, „daß sie das Schwert der Gerechtigkeit zur Verteidigung von Wahrheit und Tugend führen", was die Tempelbesucher gewiß auch in ihrem Sinne verstehen.

Nach der „Bestätigung der Waschung" wird als nächster Schritt die „Salbung" vorgenommen, bei der der Tempelarbeiter die gleichen Körperteile des ‚Endowee' berührt und die gleichen formelhaften Worte spricht wie bei der Waschung. Die wesentliche Erweiterung liegt hier in der Ankündigung, daß die Ritual-Teilnehmer jetzt die Voraussetzung dafür schaffen, „Könige und Priester" (bzw. „Königinnen und Priesterinnen") zu werden, um als solche „einst im Hause Israel auf ewig zu herrschen und zu regieren".

Der Gebrauch von Ölen und Fetten hat schon sehr früh über den rein kosmetischen und körperpflegenden Aspekt hinaus auch religiöse Bedeutung erlangt. In den Kulturen des Alten Orient wurden besonders Könige, Priester und Beamte durch das Ritual der Salbung in ihr Amt eingesetzt, womit eine Übertragung von Ehre, Macht und Ansehen verbunden war, bei den Priestern auch ein gewisser Schutz vor dem Profanen.

Die Israeliten übernahmen aus ihrer heidnischen Umwelt wahrscheinlich mit der Institution des Königtums zugleich auch das Ritual der Königssalbung. 2 Könige 9,3 und 9,6 berichten von solch einem Vorgang, bei dem aus einem ‚Ölhorn' Olivenöl auf das Haupt eines Auserwählten gegossen und dazu der Salbungsspruch rezitiert wird. Damaligem Verständnis zufolge standen die israelitischen Könige als Gesalbte in einer besonderen Position vor Gott und hatten direkten Kontakt mit ihm. Nach dem Exil ist in Israel auch die Salbung von Hohenpriestern vorgenommen worden, als diese einige vorher vom König wahrgenommene Kultfunktionen übertragen bekamen.

Auch im Neuen Testament ist von Salbungen die Rede, wobei jedoch deutlich unterschieden wird zwischen dem rein äußerlichen Vollzug des Bestreichens mit Öl, etwa bei der Krankenheilung (Markus 6,13 und Johannes 5,14; griechisches Verb ‚aleipho') und der Salbung im übertragenen Sinne (z.B. nach Apostelgeschichte 4,27 und Lukas 4,18; griechisches Verb ‚chrio'). An zwei Stellen wird die allgemeine Salbung der Christen erwähnt, womit hier die Übertragung des Geistes der Wahrheit gemeint ist, der die Erkenntnis gibt (1 Johannes 2,27) oder einfach, wie bei Paulus (1 Korinther 1,21), die Erwählung und Eingliederung in die Gemeinde. Nirgends wird jedoch davon gesprochen, daß Christen sich irgendeiner geheimen Salbung unterziehen müßten als Voraussetzung dafür, „einst als Priester und Könige im Hause Israel auf ewig zu herrschen".

Es könnte sein, daß Joseph Smith bei der Formulierung dieses Salbungsrituals die beiden Verse Offenbarung 5,10 und 20,6 vor Augen hatte. Aus 5,10 geht hervor, daß das Lamm, Christus, aus jedem Stamm und Volk durch sein Blut Menschen losgekauft und für Gott zu „Königen" und „Priestern" gemacht hat, die auf Erden herrschen werden. Vers 20,6 erwähnt solche, die im Glauben treu gewesen sind und sogar den Märtyrertod erlitten haben; sie werden als „Priester Gottes und Christi" mit Christus im Tausendjährigen Reich amtieren.

Die Deutung dieser Verse ist aufgrund der zeitgebundenen dunklen Bilder, Symbole und Vorstellungen, die das Buch der Offenbarung charakterisieren, nicht ganz einfach. Es ist aber wahrscheinlich, daß der Seher Johannes mit diesen Verheißungen den damaligen Gemeinden Mut machen wollte, auch in notvollen Zeiten den Glauben an Jesus Christus festzuhalten, selbst wenn es den Verlust des Lebens bedeuten sollte. Denen, die es tun, wird die Teilhabe an Leben und Herrschaft Christi zugesagt, der im eigentlichen Sinne als „König" und „Priester" zu gelten hat.

Das mormonische Ritual hat demnach als nicht-christlich zu gelten, da es nach Inhalt und Intention der neutestamentlichen Verkündigung widerspricht.

Zum Aspekt des „Neuen Namens“ finden sich keine mormonen-eigenen Erklärungen. Im Hinblick auf die entsprechende rituelle Formel und die besondere Funktion dieses „Namens“ (Ruf zur Auferstehung und Paßwort zum Eintritt in das „Celestiale Reich“) muß jedoch betont werden, daß die mormonische Auffassung keinen Rückhalt in den biblischen Schriften und der allgemeinen christlichen Praxis hat.

Von den Patrons wird verlangt, ihre „Neuen Namen“ nicht zu vergessen und *„heilig“* zu halten. Die Forderung nach Heiligung bestimmter Namen begegnet zwar auch im biblischen Zusammenhang, ist hier jedoch nur auf Jahwe (Altes Testament) bzw. Gott-Vater (Neues Testament) bezogen.

Im Gegensatz zum Mormonismus bezeugen die biblischen Schriften damit klar und unmißverständlich, daß dem Namen Gottes allein die Ehre gebührt, auch die Heiligung; und daß ausschließlich im „Namen“ Christi das Heil des Menschen begründet liegt. Nirgends dagegen findet sich ein Hinweis darauf, daß auch Menschen ihren eigenen oder gar einen „neuen“ Namen heilig zu halten hätten oder ihm Heilsqualität beilegen könnten.

Der Mormone Marcus von Wellnitz versucht in seinem Aufsatz „The Catholic Liturgy and the Mormon Temple“ auf einem anderen Wege, nämlich dem religionsgeschichtlichen, das Phänomen des „Neuen Namens“ durch den Verweis auf gewisse Parallelen und Ähnlichkeiten zwischen einzelnen Elementen katholischer Praxis und den mormonischen Tempelriten zu verdeutlichen, indem er in dem hier anstehenden Zusammenhang am Beispiel katholischer Orden ausführt:

> „... wenn sich jemand einem Kloster oder Konvent anschließt, so läßt er oder sie das bisherige Leben hinter sich. ... Der Novize nimmt auch einen neuen Namen an, normalerweise den eines katholischen Heiligen. ... Auch der Papst wählt für sich einen neuen Namen, wenn er sein

Amt antritt. ... Das alles ist den Heiligen der Letzten Tage sehr vertraut" (aaO., S. 12).

Der Vorgang, daß Menschen aufgrund besonderer Ereignisse einen „neuen" Namen annehmen bzw. von einem anderen Menschen oder sogar von Gott übertragen bekommen, um damit einen wichtigen Einschnitt oder eine völlige Wende in ihrem Leben zu markieren, wird verschiedentlich auch in der Bibel dokumentiert. Als bekannte Beispiele können die folgenden gelten: Der Pharao setzt Joseph über ganz Ägypten und nennt ihn fortan „Zaphnath-Paneah" (1 Mose/Genesis 41,45; vgl. auch 2 Könige 23,24); aus Abram wird „Abraham" (1 Mose/Genesis 17,5), aus Jakob „Israel" (1 Mose/Genesis 32,29) und aus Saulus wird „Paulus" (Apostelgeschichte 13,9).

Marcus von Wellnitz hat also recht, wenn er darauf hinweist, daß es die Praxis des „neuen Namens" auch außerhalb des Mormonismus gibt, besonders aber und in größerem Umfang in dem von ihm genannten Beispiel des katholischen Ordenswesens. Allerdings geht er mit keinem Wort auf die entscheidenden Unterschiede ein, die seine Aussagen zu diesem Thema relativieren:

(1) Keiner dieser im biblischen oder katholischen Kontext apostrophierten Träger eines „neuen" Namens wurde oder wird durch einen Eid gebunden, diesen Namen „geheim" zu halten. Im Gegenteil: Die „neuen" Namen stellen vielmehr ein öffentliches Bekenntnis und eine Verpflichtung dar, gerade auch, wenn es sich um die Namen katholischer Heiliger handelt.

(2) Nirgends wird angedeutet, daß der „neue" Name mit der eigenen Auferstehung in Verbindung zu bringen sei oder als Ausweis für den Eintritt in das Reich Gottes gelten könnte.

Der zum Endowment-Ritual gehörende Aspekt des „Neuen Namens" kann somit – aufgrund der ihm innewohnenden Intention – nicht dem christlichen, sondern nur dem okkult-magischen Bereich zugeordnet werden.

Das Endowment-Drama und seine Personen

Das Drama innerhalb der Endowment-Zeremonie rechnen die Mormonen zur Kategorie der „Belehrungen". Die Tempelbesucher sollen belehrt werden

> „über die wesentlichen Ereignisse der Schöpfung, das Dasein unserer Stammeltern im Garten Eden, ihren Ungehorsam und die darauffolgende Vertreibung von jenem gesegneten Ort und ihren Zustand in der einsamen und öden Welt ..." (Talmage, Haus des Herrn, S. 69).

Als Vorlage für einen Teil ihres Schauspiels haben die Verfasser zwar die biblischen Berichte aus 1 Mose/Genesis 1–3 herangezogen, diese jedoch in dichterischer Freiheit so weit ‚bearbeitet', daß auch ihre eigenen, nichtbiblischen Sonderlehren darin Platz finden konnten.

Im Gegensatz zum alttestamentlichen Zeugnis etwa, das Gott als souveränen Schöpfer verkündigt - er ruft durch sein gebietendes Wort Himmel und Erde aus dem Nichts ins Dasein (creatio ex nihilo) - läßt Joseph Smith hier, entsprechend seiner Götterlehre, zwei göttliche Wesen („Jehova" und „Michael") auftreten, die im Auftrage eines dritten Gottes („Elohim") tätig werden. Sie finden bei ihrem „Hinuntergehen" bereits Materie vor, aus der sie die Erde formen können. So beschrieb es Smith auch in seiner Schrift „Das Buch Abraham":

> „Und dann sagte der Herr: Laßt uns hinuntergehen. Und sie gingen hinab am Anfang, und sie, das heißt die Götter [!], gestalteten und formten Himmel und Erde" (aaO., Kap. 4,1).

Anders als in der biblischen Erzählung soll es sich bei dieser Erschaffung von Himmel und Erde auch nicht um einen einmaligen und erstmaligen Vorgang, sondern nur um eine Kopie schon vorher von den Göttern geschaffener Welten gehandelt haben.

* Mit seinem *„Elohim"* wollte J. Smith wahrscheinlich eine dem Gott der Bibel entsprechende Gestalt konstruieren. Nun tritt uns in diesem Spiel ein mormonischer „Elohim" entgegen, der einerseits in seinem Wissen sehr be-

schränkt zu sein scheint (Frage am sechsten Schöpfungstag: „Jehova, gibt es Menschen auf der Erde?") und eher einem weit entfernt wohnenden Herrscher gleicht, der sich von seinen Dienern Bericht erstatten lassen muß, was in seinem großen Reich vorgeht und wie seine Befehle ausgeführt werden. Andererseits läßt Smith den gleichen „Elohim" mit Jehova über neutestamentliche Vorstellungen wie „Erlösung" und „Auferstehung" reden, allerdings in mormonischer Interpretation.

Als kuriosester Gag muß jedoch die Idee J. Smiths gelten, „Elohim" als Zeremonienmeister einzusetzen, der den Tempelbesuchern ein okkult-heidnisches Ritual („Erstes Erkennungszeichen des Aaronischen Priestertums") vorführt und übermittelt. Spätestens hier muß jedem Christen deutlich geworden sein, daß der von den Mormonen propagierte „Gott", auch wenn Smith ihm unberechtigterweise eine biblische Bezeichnung beilegte, mit dem wahren Gott der Bibel nichts zu tun hat.

* Der zweite „Gott" trägt den Namen *„Jehova"*. Hier hat J. Smith die in der englischen Bibel (King James Version) vorgefundene falsche Bezeichnung für den Gott der Bibel (richtig: ‚Jahwe') einfach übernommen. Nach Ansicht der Mormonen soll es sich bei diesem „Jehova" um eine Erscheinungsform des präexistenten Christus handeln:

> „Alle Offenbarungen seit dem Sündenfall sind durch Jesus Christus gekommen, der der Jehova des Alten Testamentes ist. Wo Gott in der Hl. Schrift erwähnt wird und wo er auftrat, war es Jehova, der auch mit Abraham redete, mit Noah, Mose und allen Propheten. Er ist der Gott Israels, der Heilige Israels, der jene Nation aus der Gefangenschaft Ägyptens führte, der das mosaische Gesetz gab und erfüllte. Der Vater hat seit dem Sündenfall mit den Menschen niemals direkt und persönlich Umgang gehabt. ..." (Joseph Fielding Smith, Doctrines of Salvation, Vol. 1, S. 27).

* *„Michael"*, der dritte aus der Göttergruppe, beim Schöpfungsgeschehen nur mit einer wortkargen Nebenrolle bedacht, entpuppt sich bald als wichtige Schlüsselfigur. Aus ihm wird „Adam", der symbolische Mensch. Die Mormo-

nen sehen in ihm jedoch ganz real den „Stammvater aller Menschen“. Diese Identität von „Michael“ und „Adam“ wurde später in Form der „Adam-Gott-Doktrin“ von Brigham Young ein Leben lang vehement vertreten. Am 9. April 1852 wandte er sich in einer öffentlichen Predigt an die „Bewohner der Erde, Juden und Heiden, Heilige und Sünder“ und führte dann aus:

> „Als unser Vater Adam in den Garten Eden kam, tat er das mit einem celestialen [himmlischen] Körper, und er brachte Eva, eine seiner Frauen mit. Er hatte mitgeholfen, diese Erde zu formen und zu organisieren. Er ist Michael, der Erzengel, der Alte der Tage, über den heilige Männer geschrieben und gesprochen haben. Er ist unser Vater und unser Gott und der einzige Gott, mit dem wir es zu tun haben. ... (Journal of Discourses, Vol. 1, 50–51).

Selbst innerhalb der Mormonen-Gemeinschaft blieben diese merkwürdigen Vorstellungen nicht unumstritten, bis der „lebende Prophet“ Spencer W. Kimball 1976 erklärte:

> „Wir warnen vor der Verbreitung von Lehren, die nicht mit den Heiligen Schriften übereinstimmen, und die angeblich [!] von einigen Generalautoritäten vergangener Generationen gelehrt worden sind, wie etwa die Adam-Gott-Theorie. Wir kritisieren jene Theorie sehr heftig und hoffen, daß jedermann Vorsicht walten lassen wird gegenüber dieser und allen anderen Arten von falscher Lehre“ (Church News, 9. Oktober 1976).

Das Pikante an der Sache ist, daß Spencer W. Kimball vor einer „Adam-Gott-Doktrin“ ausdrücklich warnte, die doch Bestandteil des „heiligen Tempel-Endowments“ und seiner „Belehrungen“ ist; denn nach der esoterischen Götterlehre der Mormonen muß die Gleichsetzung von „Adam“ und „Michael“ immer noch als Adam-Gott-Theorie bezeichnet werden. Kommt der kritische Beobachter nicht zwangsläufig zu dem Schluß, daß hier falsche Propheten in einer falschen Religion ständig falsche Lehren verbreiten?

Die Intention der im Drama nun folgenden, frei erdachten Spielszenen scheint es zu sein, aus eigener Sicht eine Auseinandersetzung zwischen ‚wahren‘ (= mormonischen) und

‚falschen' (= biblisch-christlichen) Glaubensüberzeugungen quasi in kosmischen Dimensionen darzustellen. Es stehen sich gegenüber: auf der einen Seite die Abgesandten der göttlichen Welten, – die vom Neuen Testament her bekannten Apostel Petrus, Jakobus und Johannes; sie spielen den mormonischen Part –, auf der anderen Seite der Herr der satanischen Welten – Luzifer, der sich zur Unterstützung noch einen christlichen Prediger gemietet hatte.

Dessen Aufgabe war es, die Menschen (hier vertreten durch Adam und Eva) zu täuschen und zu verwirren, indem er etwa lehrte, Gott sei ein ewiges, geistiges und in seinen Möglichkeiten unbegrenztes Wesen; oder indem er die Existenz „lebender Propheten und Apostel" sowie die Gültigkeit „neuer Offenbarungen" leugnete.

Adam und Eva bleiben jedoch mit Hilfe der herbeigeeilten Apostel standhaft. Als diese den beiden Menschen weitere Erkenntnis versprechen, die wahre Identität Luzifers enthüllen und dem Prediger anbieten, ihn im „Evangelium" zu unterweisen, nimmt alles ein gutes Ende: Adam und Eva sind gerettet, der christliche Prediger bekehrt sich zum Mormonismus, und Luzifer wird verbannt.

Dieses vom „Propheten" Joseph Smith konzipierte Schauspiel wird – wie das gesamte Endowment – von den Mormonen als „christlich" verstanden, mehr noch: Es gehört mit seiner Substanz zur „Fülle des Evangeliums". Diese Ansicht kann allerdings einer kritischen Analyse nicht standhalten. Wie die bisherigen Ausführungen dieses Abschnittes zum Endowment deutlich gemacht haben, geht es darin nicht um die Vermittlung der christlichen, sondern der mormonischen Heilsgeschichte. Besonders die von Joseph Smith aus dem Alten und dem Neuen Testament entlehnten und für seine speziellen Zwecke neu-interpretierten Gestalten erhärten diese Beurteilung. Fast durchgängig vertreten „Elohim", „Jehova", „Adam und Eva", „Luzifer" oder die „Apostel" die Überzeugung des „Propheten" Smith, so etwa im Hinblick auf eine Vielzahl von Göttern, auf Präexistenz, Schöpfung, Sündenfall, ewigen Fortschritt, auf die Notwendigkeit magischer Zeichen und Worte, und einige andere.

Durch gespielte Szenen prägen sich bestimmte Inhalte bekanntlich viel besser ein als durch schriftliche oder mündliche Abhandlungen, was auch für das Endowment gilt. Im Fall der besonderen Gestalt des „Predigers" wurde das bis 1990 sehr deutlich. Der von den „Heiligen" normalerweise pauschal geführte Angriff auf Kirchen und Freikirchen konzentrierte sich hier brennpunktartig auf deren Pfarrer und Prediger. Den mormonischen Zuschauern wurde suggeriert, daß Angehörige dieses Personenkreises wohl als Werkzeuge satanischer Mächte anzusehen seien, solange sie sich nicht zum „wahren Evangelium" des Mormonismus bekehrt haben. So war es auch nicht verwunderlich, daß die Zuschauer beim jeweils ersten Auftreten des „Predigers" regelmäßig buhten und zischten, als das Endowment noch live auf der Tempelbühne dargeboten wurde.

Die „Tokens" und der „Vorhang" – Endowment und Freimaurer

Die vier „Erkennungszeichen" des mormonischen Priestertums gehören wohl zum Kernstück der geheimen und „heiligen" Tempelzeremonie, weshalb sie auch durch den Vollzug symbolischer Strafgesten (bis 1990) vor Verrat geschützt werden sollten. Eine schlimme Drohung spricht in diesem Zusammenhang Luzifer aus, als er sich kurz vor seinem endgültigen Abgang noch an die Ritualteilnehmer wendet: „Ich muß etwas im Hinblick auf diese Leute sagen. Wenn sie nicht zu jeder Verpflichtung stehen, die sie heute in diesem Tempel an den Altären übernehmen, werden sie unter meine Gewalt kommen".

Sollte es bei anderen Stücken des Endowments (Gesetze, Gebetskreis, Drama) noch irgendwelche weit entfernten Anklänge an christliche Vorstellungen geben, so zeigt sich bei den „Tokens" eindeutig der nicht-christliche Aspekt eines Geheimkultes.

Es gibt eine ganze Reihe von esoterischen Orden, Gruppen und Bruderschaften (von den Schwarzmagiern etwa über

Rosenkreuzer und Templer bis hin zu buddhistischen bzw. hinduistischen Tantrikern), die geheime Riten zelebrieren und ihre Eingeweihten zu absoluter Verschwiegenheit verpflichten. Nur ist hier von vornherein klar, daß es sich eben um ‚Geheimgesellschaften' handelt ohne irgendeine behauptete Verbindung zum christlichen Glauben. Keine dieser Gemeinschaften bezeichnet sich auch als „Kirche".

Wenn in den genannten esoterisch-okkulten Gruppen besondere Riten, exklusives Wissen und geheim zu haltende Handgriffe, Schlüsselworte und Decknamen in Gebrauch sind, so hat das den Zweck, die Kultmitglieder einerseits in ihrer Gesamtheit von einer „unerleuchteten" und „unwissenden" Umwelt abzuheben, sie aber andererseits untereinander zu verbinden und ihnen zu ermöglichen, sich als Mitglieder des gleichen Kults zu erkennen zu geben (z.B. bei größeren weltweit verbreiteten Organisationen).

Joseph Smith und Brigham Young haben in dem von ihnen vorgelegten Endowment die erste Komponente beibehalten: das Abheben der Mormonen von einer „ungläubigen" und „unwissenden" Umwelt. Verändert wurde jedoch, entsprechend den mormonischen Sonderlehren, die zweite Komponente: Durch den Gebrauch der vier Erkennungszeichen wird nicht beabsichtigt, daß sich die Anhänger des Mormonismus als solche untereinander kenntlich machen können; vielmehr soll jeder einzelne von ihnen ein individuell-heilsgeschichtliches Ziel erreichen: seine als „Erhöhung" bezeichnete Vergöttlichung.

Wovon hatte sich J. Smith nun bei der Gestaltung des Endowment und der Tokens inspirieren lassen? Von Anfang an gab es für Mormonen keinen Zweifel an der Überzeugung, das gesamte Endowment sei eine „Wiederherstellung" uralter Rituale und dem „Propheten" durch „Offenbarung" übermittelt. Diese Sicht der Dinge verändert sich allerdings, wenn man einen bestimmten Abschnitt aus der Biographie Joseph Smiths ins Auge faßt: Am 15. März 1842 war er Mitglied der Freimaurerloge von Nauvoo geworden.

1840 hatten sich in Illinois mehrere Logen zur Großloge dieses Bundesstaates mit Sitz in Springfield zusammengeschlossen. Einige führende Mormonen, die früher schon Freimaurer geworden waren, traten an den amtierenden Großmeister Abraham Jonas mit der Bitte heran, auch in Nauvoo eine örtliche Loge etablieren zu dürfen. Im Oktober 1841 wurde die Erlaubnis erteilt, lockere Treffen abzuhalten, und am 15. März 1842 begab sich der Großmeister persönlich nach Nauvoo, um die Loge in Smiths eigenen Geschäftsräumen feierlich zu eröffnen. Bei dieser Gelegenheit wurden Joseph Smith und Sidney Rigdon als Mitglieder aufgenommen und in den ersten Grad erhoben; doch schon am nächsten Tag stiegen sie in den zweiten und dritten Grad auf. Sechs Wochen später, am 4. Mai 1842, weihte Smith eine Gruppe führender Mormonen (fast alle waren Freimaurer) in seine Tempelrituale ein.

Daß der „Prophet" für die Gestaltung seiner „Tokens", der Vorhang-Zeremonie und einzelner Aspekte der Tempelkleidung starke Anleihen bei der freimaurerischen Ritualistik und Symbolik gemacht hat, bis hin zur plagiatorischen Übernahme dort vorgefundener Texte, Handgriffe und Körperstellungen, steht außer Zweifel. Dieses ist in zahlreichen maurerischen und nicht-maurerischen Abhandlungen überzeugend dargestellt und nachgewiesen worden (s. u.), wobei nicht behauptet wird, daß das *gesamte* Edowment pauschal auf freimaurerische Quellen zurückgeht. Als Konsequenz aus der Erkenntnis, daß maurerische Elemente zum Bestandteil des mormonischen Tempelrituals gemacht worden waren, hält die Großloge von Utah schon seit mehr als hundert Jahren an der Unvereinbarkeit einer gleichzeitigen Mitgliedschaft in der „Kirche Jesu Christi der Heiligen der Letzten Tage" und in den örtlichen Logen fest, was in den Statuten von 1958 noch einmal ausdrücklich festgelegt wurde.

In diesem Zusammenhang soll noch ein kurzer Blick darauf geworfen werden, wie Mormonen heute diese Problematik (Mormonismus und Freimaurerrituale) einschätzen und beurteilen. Am ausführlichsten und repräsentativ für viele andere hat dazu E. Cecil McGavin 1956 in seinem Buch „Mormonism and Masonry" Stellung genommen. Seine Grundthese besagt, daß es zwar „Ähnlichkeiten" zwischen beiden Ritual-Systemen gäbe, die Begründung dafür jedoch nicht im plagiatorischen Handeln Joseph Smiths zu suchen sei, sondern in der gemeinsamen Wurzel der angeblich schon am Tempel Salomos praktizierten Endowments, die auch den „Propheten und Patriarchen Israels" bekannt gewesen wären (aaO., S. 196 und 200).

Trotz dieser so behaupteten gemeinsamen Ursprünge kommt die freimaurerische Ritualistik aber in McGavins Bewertung, verglichen mit dem mormonischen Endowment, nicht gut davon:

> „Die Freimaurer reden viel über das verlorene Schlüsselwort, aber sie haben viel mehr verloren als nur ein bloßes Wort. ... Wir können sagen, daß das Freimaurertum zwar auf Salomos Tempel zurückgeht, jetzt aber unecht ist. Zahlreiche Änderungen und Verderbtheiten haben sich eingeschlichen; es ist aber noch ein bißchen vom Original zu erkennen, so daß es ein wenig an das wahre Endowment erinnert. Im Verlauf der Jahre hat es jedoch seine spirituelle und religiöse Bedeutung verloren" (aa0., S. 199).

Mit dieser Aussage schließt sich McGavin nahtlos an die für Mormonen typische Gepflogenheit an, bestimmte Begriffe und Vorstellungen aus nicht-mormonischen Bereichen zu übernehmen, diese neu zu definieren, d.h. mit neuen (eigenen) Inhalten zu füllen, und dann das Ursprüngliche als falsch und verdorben zu bezeichnen.

Für McGavin gilt die Tatsache, daß dem „Propheten" von seinem Eintritt in die Nauvoo-Loge bis zur Übergabe der Rituale an seine Freunde nur sechs Wochen Zeit zur Verfügung gestanden hätten als ‚Beweis' dafür, daß er aus dem Freimaurertum gar nichts hätte übernehmen können, da das Endowment zum Zeitpunkt seines Logenbeitritts schon fertig ausgearbeitet gewesen sei. Außerdem, so meint er, hätten die mormonischen Freimaurer den Diebstahl sofort bemerken müssen.

Diese Beweisführung ist nicht sehr überzeugend: Zum einen stammte die Kenntnis freimaurerischer Strukturen und Inhalte bei J. Smith wohl nicht nur aus seiner aktiven Logenzeit. Schon lange vorher muß er damit in Berührung gekommen sein, denn einer seiner besten Freunde, Heber C. Kimball, war seit 1823 Freimaurer und sein Bruder Hyrum seit 1827. In den ‚counties' um sein Heimatdorf Palmyra/N.Y. herum gab es in den 20er Jahren zudem eine starke, von verschiedenen Lokalzeitungen getragene antifreimaurerische Strömung; und bei Volksfesten traten ehemalige (ausgeschlossene) Logenmitglieder auf, die die Rituale der Freimaurer öffentlich vorführten. Zum anderen ist nicht anzunehmen, daß die von Smith ‚Initiierten' irgendwelche Kritik gegenüber ihrem „Propheten" und seinen Ritualen geäußert hätten, zumal dieser das Endowment mit dem Nimbus „göttlicher Offenbarungen" versehen und die freimaurerischen Elemente im Sinne seiner Religion völlig neu gedeutet hatte.

Um den ‚Vorwurf' des Plagiats noch weiter zu relativieren, führt McGavin an, daß außer den Mormonen auch andere Kulte und Mysterienreligionen „maurerische" Symbole verwendeten und die Freimaurer deshalb kein „Monopol" darauf hätten:

> „Die Mormonen, die amerikanischen Indianer, die alten Essener und die frühen Druiden sind nicht die einzigen, die ‚freimaurerische' Symbole und Praktiken in ihren Ritualen haben. Die ‚Fünf Punkte der Bruderschaft' zum Beispiel, sind nicht auf die Freimaurer beschränkt. ... Bis heute wird dieses Ritual in der Zeremonie der Rosenkreuzer genauso praktiziert wie bei den Freimaurern" (aaO., S. 196). Er schließt seine Ausführungen mit der Feststellung: „Nein, nicht ein einziger Aspekt des Tempel-Endowment wurde von den Freimaurern übernommen" (ebd., S. 196).

Hier nun drei Beispiele, die das Gegenteil beweisen: Nach Aussagen von Freimaurern sind einzelne Teile ihres Rituals seit Smiths Zeiten zwar modernisiert worden, dem Inhalt nach aber unverändert geblieben.

(1) Der Griff des „Ersten Grades" (Lehrling) und des „Ersten Erkennungszeichens des Aaronischen Priestertums":

Freimaurer: „Die rechten Hände werden zusammengelegt wie beim Händeschütteln, und jeder drückt seinen Daumennagel auf den oberen Knöchel des Zeigefingers des anderen ..." (in: Tanner, aaO., S. 486).

Mormonen: „Die rechten Hände zusammenlegen und das Daumengelenk auf den ersten Knöchel der [anderen] Hand drücken."

(2) ‚Dialog' bei diesem Griff:

Aufseher: „Habt ihr etwas mitzuteilen?"

Kandidat: „Ich habe etwas mitzuteilen" (Er vollführt den Handgriff des Ersten Grades).

Aufseher: „Was ist das?"

Kandidat: „Der Griff oder das Zeichen eines angenommenen Lehrlings der Freimaurerei."

Aufseher: „Was verlangt dieser Griff?"

Kandidat: „Ein Wort."

Aufseher: „Sagt mir das Wort offen und ausführlich."

Kandidat: „Jachim." (Geheimgesellschaften, S. 310)

Adam ergreift die rechte Hand des Petrus.

„*Adam:* ‚Was ist das?'

Petrus: ‚Das Erste Erkennungszeichen des Aaronischen Priestertums'.

Adam: ‚Hat es einen Namen?'

Petrus: ‚Ja'

Adam: ‚Sagst du ihn mir?'

Petrus: ‚Nein, denn es ist der Neue Name, aber dieses ist die Geste'."

(3) Die Verpflichtung zur Geheimhaltung des „Dritten Grades" (Meister) und des „Ersten Erkennungszeichens des Melchizedekischen Priestertums":

Freimaurer: „Ich, ..., verspreche und schwöre feierlich, in Ergänzung meiner früheren Verpflichtungen, daß ich den Grad eines Meisters weder jemanden unterhalb des Grades noch irgendeinem Wesen in der bekannten Welt enthüllen werde ...; ich tue das unter der Strafandrohung, daß mein Körper in der Mitte zerrissen wird ... und meine Eingeweide zu Asche verbrannt werden ..." (Tanner, aaO., S. 487).

Mormonen: „Ich verpflichte mich im Namen des Sohnes, das Erste Erkennungszeichen des Melchizedekischen Priestertums oder das Zeichen des Nagels samt Namen, Geste und Strafe nie zu enthüllen; eher würde ich zulassen, daß mein Leben genommen wird."

(4) Die „Fünf Punkte der Vollkommenheit" bzw. die „Fünf Punkte der Bruderschaft", durch die in den „Dritten Grad" (Meister) erhoben und (bis 1990) der geheime „Name" des „Zweiten Erkennungszeichen des Melchizedekischen Priestertums" gegeben wurde:

Freimaurer: „Da befiehlt der Meister vom Stuhl eine lebende Kette zu bilden. ... In tiefem Schweigen ergreift er die rechte Hand des Toten, welchen die Aufseher an den Schultern fassen und aufrichten. Aufrechtstehend begegnet er den ‚Fünf Punkten der Vollkommenheit': Gesicht an Gesicht, rechten Fuß gegen rechten Fuß gesetzt, Knie gegen Knie, Brust gegen Brust, die rechten Hände verschlungen, den linken Arm über die Schulter gelegt; in dieser Stellung flüstert er ihm das geheimnisvolle Meisterwort zu: ‚Moabon' (Sohn der Verwesung). Plötzlich strömt Heiligkeit in den Tempel. Hiram ist wiedererstanden. Er lebt neu in dem Eingeweihten" (Alec Mellor, Logen – Rituale – Hochgrade. Handbuch der Freimaurerei, 1967, S. 360f).

Mormonen: „Petrus: ‚Die Fünf Punkte der Bruderschaft sind folgende: Die Innenseite des rechten Fußes gegen die Innenseite des rechten Fußes; Knie gegen Knie; Brust gegen Brust; die linke Hand über die Schulter [auf den Rücken], Mund am Ohr'; und dies ist der Name des Zeichens ..."

Der Anspruch McGavins, mit seinem Buch einen wissenschaftlichen Beitrag in der Auseinandersetzung mit der hier anstehenden Thematik geliefert zu haben, kann sicher nicht aufrechterhalten werden. Für keine einzige seiner

Thesen und Theorien hat er stichhaltige Beweise anführen können und auch keine kritische Analyse gegenübergestellter mormonischer und maurerischer Texte bzw. Ritualstrukturen vorgelegt (wie es zu erwarten gewesen wäre), um den sehr begründeten Verdacht des Plagiats zu entkräften. So bietet McGavins „Mormonism and Masonry" nur ein gutes Beispiel für die Kolportierung der eindimensional-unkritischen Denkmuster des Mormonismus.

Dennoch soll zum Schluß dieses Abschnittes noch eine Stimme gehört werden, die die Problematik etwas realistischer einschätzt, im Mormonismus jedoch eine Einzelstimme sein dürfte. Am 20. April 1974 sagte der amtierende Präsident der „Mormon History Association", Dr. Reed C. Durham, während einer Rede vor den Delegierten der Jahresversammlung in Salt Lake City:

> „... Ich bin überzeugt, daß im Studium der Freimaurerei ein entscheidender Schlüssel zum tieferen Verständnis Joseph Smiths und der Kirche liegt. ... Es begann in Josephs Zuhause, als sein älterer Bruder Freimaurer wurde. ... Für mich stellt es überhaupt keine Frage dar, daß die mormonische Zeremonie, die als das Endowment bekannt und von Joseph Smith für mormonische Freimaurer eingeführt wurde, unmittelbar von der Freimaurerei inspiriert ist. ... Das heißt nicht, daß nicht auch eine andere Quelle der Inspiration eine Rolle spielte; die Ähnlichkeit zwischen den beiden Zeremonien ist jedoch so offensichtlich und überwältigend, daß eine abhängige Verbindung nicht geleugnet werden kann" (Mormon Miscellaneous, Oktober 1975, S. 11ff).

Innerhalb des Endowment heben die vier „Tokens" und die Vorhangzeremonie, als Kernstücke bzw. Höhepunkt des Ganzen, den unüberbrückbaren Gegensatz des mormonischen Religions- und Ritualsystems zum biblisch begründeten christlichen Glauben am unmißverständlichsten hervor. Hier kann Cecil McGavin durchaus zugestimmt werden, wenn er, religionsgeschichtlich korrekt, den Mormonismus mit seinen Tempelritualen anderen nichtchristlichen Kulten, Geheimgesellschaften und Mysterienreligionen an die Seite stellt.

Die Hauptthese der Mormonen, die „Tokens" gingen auf den Tempel Salomos zurück, entbehrt jeder Grundlage. Es findet sich nirgends ein Hinweis auf Rituale, die den in Mormonen-Tempeln zelebrierten „Tokens" ähnlich sein könnten (vgl. Menahem Haran, Temples and Temple-Service in Ancient Israel, S. 208ff). Damit fällt auch die Behauptung in sich zusammen, all diese Dinge habe Joseph Smith aufgrund „göttlicher Offenbarungen" nach und nach „wiederhergestellt", zumal sie nicht einmal durch mormonische „heilige Schriften" belegt werden kann.

Um den Stellenwert der „Tokens" richtig einschätzen zu können, muß noch einmal an Smiths alles beherrschende Idee von der „Macht des Priestertums" erinnert werden. Ihm war es darum gegangen, mit dem Priestertum ein Instrument zu schaffen, das alle „Segnungen" von Zeit und Ewigkeit verfügbar machen und sogar den Zugang zur „Gegenwart Gottes" erzwingen konnte. Um dieses Ziel zu erreichen, hatte er nicht gezögert, sich auch magischer Elemente zu bedienen und sie als „Schlüssel" in sein Ritualsystem einzubauen.

Verglichen mit dieser mormonischen Ritualistik beinhaltet die Verkündigung des Neuen Testamentes etwas ganz anderes. Der Zugang zur Gegenwart Gottes ist durch die Erlösungstat Jesu Christi für alle Menschen frei geworden und an keine priesterlichen oder andere Vorleistungen mehr geknüpft, geschweige denn an heidnische und okkult-magische Handgriffe und Zaubersprüche. Symbolisiert wird dieses durch das Zerreißen des Vorhangs im jüdischen Tempel, der das Heilige vom Allerheiligsten trennte: „Und siehe, der Vorhang im Tempel zerriß von oben bis unten in zwei Stücke" (Matthäus 27,51 parr).

Die Mormonen haben nun, bildlich gesprochen, die auseinandergerissenen Teile des Vorhangs an sich genommen, zusammengenäht und in ihren Tempeln wieder aufgehängt, wo sie für die „Heiligen der Letzten Tage" erneut eine trennende, in besonderer Weise aber magische Funktion erfüllen.

Die stellvertretende Taufe für Tote

Die stellvertretende Taufe für Tote findet in einem geschmückten von 12 Bronzeochsen in Originalgröße getragenen Taufbecken statt, das sich aus symbolischen Gründen meist im Untergeschoß des Tempels befindet. Der Patron und der Amtierende sind mit schweren weißen Tauf-Anzügen bekleidet. Während der Amtierende die Taufformel spricht, wird der Patron vollständig untergetaucht; das ganze geschieht im Beisein von zwei Zeugen:

> „Bruder (Schwester) ..., in Vollmacht taufe ich Sie für und anstelle von ..., der (die) tot ist, im Namen des Vaters und des Sohnes und des Heiligen Geistes. Amen."

Durch das unmittelbar anschließende Ritual der „Confirmation" soll der (die) Tote als Mitglied der „Mormonen-Kirche" bestätigt werden und den Heiligen Geist empfangen. Die Handlung wird, gewöhnlich in der Nähe des Taufbekkens, unter Handauflegung von zwei Tempelarbeitern vollzogen, von denen einer die Formel spricht:

> „Bruder (Schwester) ..., im Namen Jesu Christi legen wir Ihnen die Hände auf für und anstelle von ..., der (die) tot ist, und bestätigen Sie als Mitglied der Kirche Jesu Christi der Heiligen der Letzten Tage und sagen zu Ihnen: Empfangen Sie den Heiligen Geist. Amen."

Wenn die Totentaufe für einen Mann stattfindet, wird auch noch dessen „Ordination" zum Mitglied des „Melchizedekischen Priestertums" vollzogen. Zwei Tempelarbeiter legen die Hände auf, wobei einer die Formel spricht:

> „Bruder ..., in Vollmacht legen wir Ihnen die Hände auf, übertragen Ihnen das Melchizedekische Priestertum und ordinieren Sie zu einem Ältesten der Kirche Jesu Christi der Heiligen der Letzten Tage für und anstelle von ..., der tot ist, und siegeln Sie mit jedweder Gnade, Gabe und Vollmacht, die zu diesem Amt im Heiligen Melchizedekischen Priestertum gehört, für ihn und an seiner Stelle, im Namen Jesu Christi. Amen."

Den mormonen-eigenen Schriften zufolge (vgl. besonders James Talmage, Glaubensartikel, S. 150f) hat diese merkwürdige Praktik folgenden theoretischen Hintergrund: Von Anbeginn der Schöpfung haben Milliarden von Menschen auf der Erde gelebt, die starben, ohne etwas von Gott oder Jesus Christus gehört zu haben. Vielen anderen waren die göttlichen „Gesetze" und „Verordnungen" zwar nahegebracht worden, die Betreffenden reagierten jedoch ungläubig und widerspenstig. Wiederum anderen konnte das „Evangelium" jahrhundertelang nicht gepredigt werden, weil es „keine dazu bevollmächtigten Vertreter des Herrn gab". Es soll sich hierbei um den Zeitabschnitt vom angeblichen Abgleiten der traditionellen Kirchen in eine „geistlich-geistige Finsternis" (im Anschluß an die apostolische Zeit) bis zum Aufkommen des Mormonismus im vorigen Jahrhundert gehandelt haben.

Diese Verstorbenen existieren nun, wie alle anderen auch, als Geister in einem Zwischenreich. Sie wären für immer verloren, hätte Gott nicht durch einen „Plan der Erlösung" Vorsorge getroffen, daß auch diesen Geistern geholfen und ihnen die Möglichkeit gegeben würde, das mormonische „Evangelium" zu hören, es nachträglich anzunehmen und so den Weg in das „celestiale Reich" zu gehen. Zu diesem Zweck hat er in besonderen „Offenbarungen" an seinen „Propheten" Smith angeordnet, daß eigens Tempel errichtet und „heilige Handlungen" vorgenommen würden, um den körperlosen Geistern den entsprechenden Dienst zu erweisen, „auf daß sie im Geiste nachholen, was sie im Fleische versäumten" (Talmage). Da man entkörperte Geister aber nicht taufen oder ihnen die Hände auflegen kann, bedarf es dafür lebender Menschen, die das stellvertretend an sich vollziehen lassen. Und solches geschieht nun fast jeden Tag in den über die ganze Welt verstreuten Mormonen-Tempeln.

LeGrand Richards, ehemaliger Mormonen-„Apostel" schreibt, daß Joseph Smith im Jahre 1836 in Anschluß an eine „Vision" im Tempel zu Kirtland, während der er von Mose, Elias und Elia sowie von Jesus Christus besucht worden sei, begonnen habe, die Lehre von der Totentaufe unter seinen Anhängern zu verbreiten (Ein wunderbares und seltsames

Werk, S. 130). Im Kirtland-Tempel selbst wurden noch keine Taufen für die Toten vorgenommen. Erst als die Mormonen nach Nauvoo weitergezogen waren, begannen sie mit dieser Praxis, zunächst im Mississippi. Eine Augenzeugin berichtete später, was sie dort beobachtet hatte:

„... Wir erblickten einen Haufen Leute und merkten sehr bald, daß es um Taufen ging. Zwei Älteste standen knietief im eiskalten Wasser und tauchten einen nach dem anderen unter, die so schnell wie möglich vom Ufer herabkamen. Wir sahen auch, daß einige von ihnen mehrere Male untergetaucht wurden. Man sagte uns, sie würden für die Toten getauft, die keine Gelegenheit gehabt hätten, die Lehren der Heiligen der Letzten Tage anzunehmen. Diese armen Sterblichen im eiskalten Wasser waren also dabei, ihre Vorfahren und Verwandten aus dem Fegefeuer zu befreien. Wir kamen etwas näher und hörten, wie die Ältesten verschiedene Namen riefen; zu unserer Überraschung wurde auch der Name George Washington genannt. So ist dieser nun also nach 50 Jahren im Fegefeuer auf dem Wege in den ‚celestialen' Himmel" (Charlotte Haven, Brief vom 2. Mai 1843; abgedruckt in: Overland Monthly, Dezember 1890, S. 629f).

Joseph Smith und seine Freunde hatten wahrscheinlich das Gefühl, daß diese Totentaufen im Mississippi nur etwas Provisorisches sein konnten. Am 19. Januar 1841 gab der „Prophet" daher in Form einer „Offenbarung" bekannt, daß Gott mit den vorläufigen Taufen im Fluß auf Dauer nicht einverstanden sei und massiv die Errichtung eines Tempels verlange:

„Denn auf der Erde gibt es nicht *ein* Taufbecken, worin meine Heiligen getauft werden können. Denn diese Verordnung gehört zu meinem Haus und kann mir außerhalb meines Hauses nur in den Tagen eurer Armut angenehm sein, wenn ihr nicht imstande seid, mir ein Haus zu bauen. Doch ich gebiete euch allen, euch, meinen Heiligen, mir ein Haus zu errichten. Ich gewähre euch genügend Zeit, um es zu bauen; und während dieser Zeit werden eure Taufen mir angenehm sein. Aber sehet, nach Ablauf jener Frist werden eure Taufen für die Toten nicht mehr angenehm sein. ... Denn wahrlich, ich sage euch: Nachdem ihr ge-

> nügend Zeit gehabt, mir ein Haus zu bauen, wohin die Verordnung der Taufe für die Toten gehört, und wofür sie schon vor der Gründung der Welt eingesetzt wurde, kann ich eure außerhalb meines Hauses vollzogenen Taufen für die Toten nicht mehr annehmen" (LuB 124,29–33).

Es wurde „das beste Grundstück im Stadtgebiet ausgesucht, gekauft und ordnungsgemäß als Tempelplatz geweiht". Talmage berichtet weiter, daß die „Heiligen" in Nauvoo aufgrund dieser „Offenbarung" so begierig darauf waren, „zum Nutzen der Verstorbenen" getauft zu werden, daß schnellstens ein Taufbecken gebaut wurde, obwohl die Mauern des Tempels noch kaum aus dem Erdboden herausragten. Joseph Smith habe dann am 8. November 1841 als erster darin die „heilige Handlung" vorgenommen (Talmage, Haus des Herrn, S. 89).

Im Laufe der Zeit entwickelte sich die Vorstellung, daß die „stellvertretende Taufe für die Toten" nicht nur ein „Liebesdienst" für die verstorbenen Vorfahren sei, sondern daß man hierdurch auch zum „Miterlöser" der Toten werden könne. Aus der Bibel (Obadja 21) wurde dafür die Bezeichnung „Erlöser auf dem Berge Zion" entlehnt.

J. Talmage meinte in diesem Zusammenhang, daß Jesus Christus durch seinen Opfertod den Menschen

> „das Sühnemittel für die Sünden jedes einzelnen" erwirkt habe, „so daß ein Sünder, sofern er gehorsam wird, seine Erlösung bewirken kann. ... Ebenso kann jeder von uns im kleinen Maßstab ein Erlöser für diejenigen werden, die sonst in der Finsternis bleiben müßten. Wir müssen unseren Verstorbenen den Weg bereiten, damit sie an das erlösende Gesetz des Evangeliums herankommen können" (Talmage, Haus des Herrn, S. 53).

Wilford Woddruff (1807–1898), vierter Prophet und Präsident der Mormonen, forderte:

> „Wir müssen in diese Tempel gehen und unsere Toten erlösen. Dies ist das ganz große Werk des letzten Zeitabschnitts, die Erlösung der Lebenden und der Toten" (zitiert in: Anderson, Ich war ein Mormone, S. 55).

Und sein Vorgänger, John Taylor (1808–1887), behauptete überschwenglich:

„... wir sind tatsächlich die Erlöser der Welt" (in: Journal of Discourses, Bd. VI, S. 163).

Anmerkungen zur „Totentaufe": Wenn mormonische Autoren das Thema ‚Totentaufe' abhandeln, ziehen sie im wesentlichen drei biblische Textstellen heran, um deren Lehre und Praxis zu begründen. Es handelt sich um: (a) 1 Korinther 15,29; (b) 1 Petrus 3,18f (mit 4,6) und (c) Maleachi 4,5f.

Zu (a): Paulus schreibt in 1 Korinther 15,29 (Übersetzung aus: Gute Nachricht erklärt – Das neue Testament in heutigem Deutsch mit Einleitungen und Erklärungen, hrsg. von den Bibelgesellschaften und Bibelwerken im deutschsprachigen Raum, 1973): „Überlegt euch doch einmal: Es gibt in eurer Gemeinde Menschen, die sich für die ungetauft Verstorbenen taufen lassen. Was wollen sie damit erreichen, wenn die Toten nicht auferstehen? Warum lassen sie sich dann für sie taufen?" Hierin sehen die Mormonen einen „überzeugenden Beweis" dafür, daß die Totentaufe unter den „ersten Christen" geübt wurde. James Talmage merkt im Hinblick auf diese Stelle an:

> „Da die Taufe zur Seligkeit der Lebenden notwendig ist, ist sie es auch für die Toten. Dieses wußten die Heiligen in früheren Zeiten, und deshalb wurde die Lehre von der Taufe für die Toten unter ihnen gelehrt" (Glaubensartikel, S. 153).

Und John Morgan schreibt in seinem Traktat „Der Plan der Erlösung":

> „Wir hören hier, wie wir in der Hand eines weisen Schöpfers als Instrumente für die Befreiung der Toten dienen können: *[Zitat Textstelle].* Wir haben hier eine Erklärung, wie die Gefängnistore geöffnet und die Geister befreit werden können: nämlich durch eine Verordnung des Evangeliums, die sogenannte Taufe für die Toten" (aaO., S. 25).

Es ist wohl nicht ganz einfach, diesen Vers richtig auszulegen. Dennoch lassen sich einige allgemeine Beobachtungen der mormonischen Inanspruchnahme der Textstelle entgegensetzen. Das Thema von 1 Korinther 15 lautet nicht „Totentaufe", sondern „Auferstehung". Sicher gab es in der Gemeinde zu Korinth einige, die die Praxis der Totentaufe ausübten. Paulus nimmt aber weder dafür noch dagegen Stellung; vielmehr möchte er, und dazu benutzt er diesen Brauch als Aufhänger, eine bei den Korinthern wahrscheinlich vorhandene falsche Meinung über die Auferstehung korrigieren. Eine gewisse Distanz kommt jedoch sehr deutlich darin zum Ausdruck, daß Paulus nicht sagt „Wir lassen uns für die Toten taufen", sondern „Sie lassen sich taufen ..." (d. h. irgendwelche Leute). Im ganzen Brief gebraucht er stets die auf Zusammengehörigkeit hinweisenden Wörter „wir", „ihr", „euch", „uns", während er ausgerechnet an dieser Stelle das fortweisende Wörtchen „sie" (= die da!) verwendet. Der Apostel hat die Totentaufe mit keinem Wort als nachahmenswertes Beispiel hingestellt oder angeordnet, was doch wohl der Fall gewesen wäre, hätte es sich dabei wirklich um eine von Gott stammende „Verordnung" gehandelt. Auffällig ist zudem, daß auch Jesus selbst nie von einer ‚Totentaufe' gesprochen hat, und sich im ganzen Neuen Testament kein weiterer Hinweis darauf findet.

Daß die Praxis in Korinth als singuläre Erscheinung bewertet werden muß, geht zudem aus den entsprechenden Kommentaren der frühen Exegeten (Tertullian, Chrysostomos, Ambrosius) hervor. Bei ihrer Beschäftigung mit der Problematik beziehen sie sich ausschließlich auf den Paulustext. An keiner Stelle wird irgendeine Beziehung zu etwaigen Totentaufen in der eigenen Kirche bzw. Gemeinde hergestellt oder zur Verdeutlichung herangezogen. Querverweise gibt es nur zu ähnlichen Praktiken verschiedener häretischer Sekten (wie Marcioniten und Cerinthianer), von denen man sich jedoch kritisch abhebt.

Es gibt zudem nicht die geringste Andeutung darüber, worum es sich bei dieser Gruppe in Korinth eigentlich gehandelt hat und wie der Brauch nach Korinth gekommen ist. Es liegen keine Informationen biblischer oder außerbiblischer Herkunft vor, wer die Leute waren und was sie glaubten, nach welcher Liturgie die Rituale vollzogen und welche äußeren oder inneren Vorbereitungen dazu getroffen wurden, für wen man sich stellvertretend taufen ließ: Verwandte oder Gemeindeglieder ganz allgemein, gläubig oder ungläubig Verstorbene usw. Es ist nichts darüber bekannt, in welchem Verhältnis die Gemeinde in Korinth, d.h. die Adressaten des Paulusbriefes, zu dieser besonderen Gruppe stand: Wurde sie kritisiert oder akzeptiert oder nur toleriert?

Eines läßt sich jedoch mit Sicherheit sagen: Der Kult der Totentaufe war nie Bestandteil christlicher Lehre und hat deshalb auch nie Eingang in christliches Denken und Handeln gefunden. Im Gegenteil: Auf dem Konzil zu Karthago 397 wurde diese unchristliche Praxis offiziell verurteilt.

Zu (b): In 1 Petrus 3,18ff heißt es: „Denkt an Christus, der einmal – und das gilt für immer – für die Schuld der Menschen gestorben ist. Er, der Schuldlose, starb für die Schuldigen. Er wurde getötet, aber der Geist Gottes machte ihn lebendig. In der Kraft dieses Geistes ging er zu den Geistern im Gefängnis und verkündete ihnen die Gute Nachricht. Sie waren einst ungehorsam gewesen zur Zeit Noahs, ..." (Übersetzung nach „Die Gute Nachricht"). Und 4,6: „Auch denen, die schon vor seinem Erscheinen gestorben sind, hat Christus die Gute Nachricht verkündet, damit sie gerettet werden können".

Auf diese Textstellen wird von den Mormonen verwiesen, wenn sie die von ihnen selbst durchgeführte, stellvertretende „Belehrung" für Verstorbene (als nächsten Schritt nach der Totentaufe) begründen wollen. Talmage:

> „Es ist also klar, daß das Evangelium in der Geisterwelt verkündigt werden muß. ... Christus eröffnete dieses Werk unter den Toten in der Zeit zwischen seinem Tode und seiner Auferstehung" (Glaubensartikel, S. 151f).

Die Anhänger des Mormonismus glauben demnach, daß die Verkündigung im Totenreich mit der Auferstehung Christi nicht zu Ende war, sondern durch andere weitergeführt wurde:

> „Wer von uns kann daran zweifeln, daß sie von seinen bevollmächtigten Dienern fortgesetzt wurde, durch die Ent-

körperten, die, als sie noch im Fleische weilten, durch Ordination im Heiligen Priestertum beauftragt worden waren, das Evangelium zu predigen und seine Verordnungen zu vollziehen? ..." (Talmage, Jesus der Christus, S. 550).

Joseph Fielding Smith (1876–1972), Zehnter Mormonen-Präsident, meinte sogar, „daß das Werk dort drüben einen gewaltigen Umfang angenommen hat" (Der Weg zur Vollkommenheit, S. 198).

Die vorstehenden Behauptungen hängen wahrscheinlich mit einem Vorgang aus dem Jahre 1918 zusammen. Am 3. Oktober d. J. hatte nämlich Joseph F. Smith (1838–1918), der sechste „Seher, Prophet und Offenbarer" der Mormonen, eigenen Angaben zufolge, bei der Lektüre der beiden Texte 1 Petrus 3,18 ff und 4,6 eine „Vision", die ihm die Vorgänge im Totenreich vor Augen führte:

> „Als ich über diese geschriebenen Dinge nachdachte, wurden die Augen meines Verstandes geöffnet, und der Geist des Herrn ruhte auf mir, und ich sah die Schatten der Toten" (Evangeliumslehre, S. 672).

Aus der einige Wochen später schriftlich niedergelegten Fassung der „Vision" lassen sich fünf Hauptaspekte herauslesen:

(1) Die Geister der Gerechten („die im Fleische dem Zeugnis Jesu treu geblieben waren") freuten sich auf das Kommen des Gottessohnes, „weil der Tag der Erlösung nahe war". Der Geist Jesu erschien und „verkündigte ihnen das ewige Evangelium, die Lehre von der Auferstehung und der Erlösung der Menschheit vom Fall und auch von den persönlichen Sünden – wenn sie Buße tun".

(2) Jesus ging nicht zu den Geistern der Bösen und Widerspenstigen („welche die Zeugnisse und Warnungen der alten Propheten verworfen hatten"). Diese Unbußfertigen und Gottlosen konnten seine Stimme nicht hören, seine Gegenwart nicht sehen und sein Angesicht nicht schauen.

(3) Entgegen 1 Petrus 3,19f wandte sich Jesus auch nicht an die Ungehorsamen aus der Zeit Noahs (Smith wunderte sich, warum davon im Petrusbrief berichtet wird). Vielmehr ernannte er aus der Gruppe der gerechten Geister einige

„Botschafter“, die er belehrte, weihte und beauftragte. Diese gingen dann an Jesu Statt zu den bösen Geistern, um ihnen zu predigen. So wurde das „Evangelium“ allen Toten gebracht: den gerechten Geistern durch Jesus, den bösen Geistern durch dessen „Botschafter“.

(4) Unter den guten Geistern sah Smith viele bekannte Gestalten aus dem Alten Testament, aber auch Figuren aus dem Buch Mormon. Aus der erlauchten Schar ragten besonders die bisherigen Mormonen-Propheten (Joseph Smith, Brigham Young, John Taylor und Wilford Woodruff) sowie Smith's eigener Vater, Hyrum Smith, hervor. Diese waren schon in der Präexistenz von Gott zu Führungsaufgaben in der „Kirche Gottes“ bestimmt worden.

(5) Die Sache der Predigt im Totenreich wird durch Vertreter des Mormonismus (nach deren Tod) weitergeführt:

> „Ich sah, daß die gerechten Ältesten dieser Dispensation, wenn sie aus diesem irdischen Leben scheiden, in der großen Geisterwelt der Verstorbenen fortfahren mit der Arbeit der Verkündigung des Evangeliums der Buße und der Erlösung durch das Sühnopfer des Eingeborenen Sohnes ...“. – „So ward mir das Gesicht über die Erlösung der Toten geoffenbart, und ich gebe Zeugnis davon und weiß, daß dieser Bericht wahr ist durch den Segen unseres Herrn und Heilands Jesus Christus: So sei es, Amen“ (Evangeliumslehre, S. 671–677).

Am 3. April 1976 machte die „Generalkonferenz der Kirche Jesu Christi der Heiligen der Letzten Tage“ diese „Vision“ zum Bestandteil ihrer „Heiligen Schriften“, indem sie sie „als Zusatz zur ‚Köstlichen Perle‘ anerkannte“.

Mit solchen ‚Erkenntnissen‘ und ‚Offenbarungen‘ stehen die Mormonen allerdings recht allein da, denn Neutestamentler sind bei der wissenschaftlich-kritischen Einordnung des Textes 1 Petrus 3,19f zu anderen Ergebnissen gekommen. Sie verweisen zunächst auf religionsgeschichtliche Parallelen. In der ganzen alten Welt, einschließlich der altjüdischen Tradition, glaubte man, daß die Toten in bestimmten kosmischen Räumen existieren, besonders in einer „Scheol" oder „Hades" genannten Unterwelt. Weiterhin war im Umfeld des frühen Christentums die Vorstellung mythischer Höllenfahrten von Göttern und Heroen weit verbreitet, die versuchten, die Seelen aus dem Totenreich zu erlösen (Orpheus, Herakles, der ägyptische Sonnengott Re, der babylonische Ishtar, u. a.).

Sodann wird eine Verbindungslinie zum apokryphen Henochbuch gezogen, wo die Predigt an die Geister in der Gefangenschaft mit der Sintflutgeschichte verknüpft ist. Diese mythischen Vorstellungen, die nicht mehr die unsrigen sind, müssen den Empfängern des 1. Petrusbriefes unmittelbar verständlich gewesen sein, da keine weiteren Erklärungen dazu gegeben werden (vgl. L. Goppelt, Der Erste Petrusbrief, S. 251ff, und Norbert Brox, Der Erste Petrusbrief, S. 170ff).

Die theologische Aussage dieser Textstelle könnte demnach folgende sein: Der christlichen Gemeinde, also den Lebenden, ist der Zugang zum Heil durch die Taufe möglich. Christus selbst aber kümmert sich um die, die von der Welt verlorengegeben wurden, auch wenn er dazu in den tiefsten Abgrund der ‚Hölle' hinabsteigen mußte. Im Gegensatz zum Henochbuch, in dem den Ungehorsamen aus der Noah-Zeit das Unheil angesagt wird („sie werden keinen Frieden und keine Vergebung finden"), verkündigt der 1. Petrusbrief, daß dem Verlorenen in Form des gepredigten Wortes das Heil nahekommt. Der Verfasser „bringt mit dem mythischen Vorstellungsmittel der damaligen Zeit das Vertrauen zum Ausdruck, daß die erlösende Kraft Christi in kosmischer Universalität bis in die Tiefen der gottesfernen Welt hineinreicht und seine Macht auch an der Grenze des Todes nicht haltmacht, und zwar nicht nur des geistigen oder moralischen Todes" (Wolfgang Schrage, Die Katholischen Briefe. NTD, Band 10, S. 104). Unter diesem Gesichtspunkt muß auch 1 Petrus 4,6 gesehen werden.

Schon aus diesen wenigen Anmerkungen wird deutlich, daß es einzig und allein um das ausschließliche Heilshandeln Christi geht. Nirgends wird irgendeinem Menschen eine Erlöser- oder auch nur Miterlöserfunktion zugesprochen, weder „stellvertretend“ auf Erden noch als „predigender Geist“ im Totenreich. Das neutestamentlich-christliche Zeugnis steht somit eindeutig gegen diesbezügliche Ansichten des Mormonismus.

Zu (c): Maleachi 4,5f (Die Lutherbibel zählt 3,23f): „Ich sende euch den Propheten Elia, bevor der große und schreckliche Tag kommt, an dem ich, der Herr, Gericht halte. Er wird das Herz der Eltern den Kindern zuwenden und das Herz der Kinder den Eltern. Er wird beide miteinander versöhnen, damit ich nicht das ganze Volk vernichten muß, wenn ich komme“ (Gute Nachricht).

Auch diese Textstelle ist von den Mormonen vereinnahmt worden, um ihre Kultideologie der Totentaufe zu rechtfertigen.

Einem Bericht des Joseph Smith zufolge (LuB 110) erschien am 3. April 1836 im Tempel zu Kirtland eine alttestamentliche Delegation, bestehend aus den Personen Mose, Elias und Elia, zu der sich auch Jesus Christus gesellte. Christus hielt von der Kanzel eine Dankespredigt für die Errichtung des Tempels, dann überbrachte Elias die „Evangeliumsdispensation Abrahams“, während Elia in seiner Ansprache die Erfüllung der Prophezeiung aus Maleachi 4,5f bekanntgab, was durch sein Erscheinen belegt sei.

Später schrieb Smith in einem Brief an die „Kirche Jesus Christi der Heiligen der Letzten Tage“ (datiert 6. September 1842), wie Maleachi 4,5 zu verstehen sei. Es gehe um den „herrlichsten aller zum Evangelium gehörenden Gegenstände – die Taufe für die Toten“. Nach dem Zitat des Verses fährt er fort:

> „Es genügt in dieser Sache zu wissen, daß die Erde von einem Fluch getroffen werden wird, es sei denn, es werde auf die eine oder andere Weise eine verbindende Kette irgendwelcher Art zwischen Vätern und Kindern hergestellt. Und wie kann diese Verbindung hergestellt werden? Durch die Taufe für die Toten! Denn ohne die Toten können wir

nicht vollkommen gemacht werden, auch sie ohne uns nicht. Und weder wir noch sie können ohne jene vollkommen werden, die im Evangelium gestorben sind" (LuB, 128, 18).

Wer den in LuB 110 wiedergegebenen Bericht kritisch liest, dem fällt auf, daß dem Religionsgründer aus Unkenntnis zunächst ein äußerlicher Irrtum unterlaufen ist: Bei seiner Behauptung, im Kirtland-Tempel ‚Elias' *und* ‚Elia' (engl. Elijah) gesehen zu haben, ist ihm anscheinend nicht bewußt gewesen, daß es sich dabei um ein und dieselbe biblische Gestalt handelt. Der alttestamentliche Prophet, von dem in 1 Könige 17–19 die Rede ist, wird im Hebräischen „Elijahu" genannt, woran sich das englische „Elijah" angelehnt hat; im Griechischen (Neuen Testament) aber heißt er „Elias", wovon der bei uns geläufige Name „Elia" bzw. „Elias" abgeleitet wurde. Die Identität von „Elia" und „Elias" geht zudem eindeutig aus Jakobus 5,17f (Elias) hervor, wo auf 1 Könige 17,1 (Elijahu) verwiesen wird. Smith konnte „Elias" auch nicht mit dem Prophetenschüler „Elias" (1 Könige 19,19ff) verwechselt haben, weil dessen Name in den englischen Bibelübersetzungen, auch in der von Smith benutzten King-James-Version, korrekt als „Elisha" wiedergegeben wird. Übrigens war der „Prophet" mit dem Beispiel „Jesaja/Esaias" vorher schon einmal einem ähnlichen Mißverständnis zum Opfer gefallen (vgl. LuB 76, 100).

Wichtiger aber ist der inhaltliche Irrtum: Die Behauptung, daß sich die Prophezeiung Maleachi 4,5f zur Zeit Joseph Smiths in der Bewegung des Mormonismus erfüllt habe, wird etwa durch Matthäus 17,10ff eindeutig widerlegt. Absurd ist auch die Idee, Maleachi 4,6 hätte etwas mit mormonischen Totentaufen zu tun.

Alttestamentler sehen die drei Verse 4,4–6 als späteren Zusatz zu diesem kleinen Prophetenbuch an, dessen zentrale Aussagen sich ganz auf das Heil Judas und Jerusalems konzentrieren. So könnte Maleachi 4,4 als eine dringende Ermahnung zum Praktizieren der Gesetzesfrömmigkeit, die das Heil garantiert, verstanden werden. Vers 6 drückt wahrscheinlich die Sorge um das Generationsproblem aus: Geht es um das Abweichen der jungen Leute von den überlieferten kultischen Werten und um die Aufnahme fremder Geistesströmungen? (vgl. Karl Elliger, ATD, Band 25, S. 216f). Es wird die Hoffnung und Verheißung ausgedrückt, daß der Prophet Elia, als Vorläufer des kommenden Messias, auch die Schwierigkeit der Versöhnung zwischen den Generationen auflösen wird (s. auch Lukas 1, 17).

Fazit: Die mormonische Lehre und Praxis der „stellvertretenden Taufe für Tote" entstammt nicht dem biblischen Glaubenszeugnis, sondern anderen Offenbarungsquellen. Die Behauptung, Mormonen wären zu „Erlösern" der Toten berufen, basiert auf einer fremden Heilsideologie, womit auch die Bezeichnung „Erlöser auf dem Berge Zion" relativiert wird. Die mormonische Totentaufe kann somit nicht als eine im ökumenischen Kontext anerkannte ‚Variante' eines christlichen Glaubenselements gelten, sondern muß vielmehr als nicht-christliche ‚Neuschöpfung' charakterisiert werden.

Exkurs: Die „Genealogie" (Ahnenforschung) der Mormonen

Die in den Tempeln zu vollziehenden stellvertretenden Handlungen für Verstorbene, d. h. das von den „Heiligen der Letzten Tage" so verstandene „Erlösungswerk für die Toten", ist nur aufgrund intensiver genealogischer Bemühungen möglich, was dazu geführt hat, daß die Mormonen inzwischen die umfangreichste Ahnenforschung auf der Welt betreiben.

Jede Familie ist aufgerufen, in der eigenen Ahnenreihe so weit wie möglich zurückzugehen, sich genaue Lebensdaten der Vorfahren zu beschaffen und dann das stellvertretende „Erlösungswerk" zu tun. Als Ziel gilt, die „Kette" jeder einzelnen Familie bis zu „Vater Adam" zurückzuknüpfen. Die Frage nach den vielen unüberbrückbaren ‚genealogischen Löchern' auf dem Weg zurück zu „Vater Adam" wird von den Mormonen mit dem Hinweis beantwortet, daß im Millennium (Tausendjähriges Friedensreich) die auferstandenen Mormonen die dann noch Lebenden mit den nötigen Informationen versorgen werden.

Am 13. November 1894 wurde die „Genealogische Gesellschaft von Utah" gegründet, um allen suchenden und forschenden „Heiligen" technische Hilfestellung leisten zu können. Nach dem internen „Genealogie-Priestertums-Handbuch" erstreckt sich die heutige Aufgabe dieser Gesellschaft im einzelnen darauf, „Urkunden zu sammeln, ... Namen für die heiligen Handlungen im Tempel zu bearbeiten und das offizielle Register über die in den Tempeln vollzogenen heiligen Handlungen zu führen" (aaO., S. 26).

Aufgrund der inzwischen zusammengetragenen Dokumente und Unterlagen - nach eigenen Angaben werden über eine Milliarde Mikrofilme in einem eigens dafür ausgebauten, atombombensicheren Granitfelsen, 32 km südöstlich von Salt Lake City gelagert - ist man in der Lage, all jenen Mormonen bei der Beschaffung von Daten behilflich zu sein, die sonst keine anderen Möglichkeiten haben.

Für die individuelle Ahnenforschung einzelner Mormonen, aber auch für die umfassend und planmäßig betriebene Materialsammlung der „Gesellschaft" gehören die oft Jahrhunderte alten Kirchenbücher europäischer Kirchen zu den wichtigsten Quellen. So hat es - in verstärktem Maße nach dem Zweiten Weltkrieg - von seiten der organisierten mormonischen Genealogie immer wieder Anfragen gegeben, den gesamten Kirchenbücherbestand einzelner Gemeinden oder ganzer Landeskirchen bzw. Diözesen auf Mikrofilm übernehmen zu dürfen. Durch dieses Ansinnen wurden nun indirekt also auch christliche Kirchen mit der Problematik der Tempelrituale konfrontiert.

Die Reaktionen auf diese Herausforderung fielen bisher allerdings unterschiedlich aus. Von den 18 deutschen evangelischen Landeskirchen der alten Bundesrepublik lehnten (im Zeitraum von 1947 bis 1980) elf eine Überlassung der Kirchenbücher an die Mormonen aus theologischen Gründen ab; drei ließen verfilmen, während vier zunächst ihre Erlaubnis gegeben hatten, diese später aber ebenfalls aus theologischen Erwägungen wieder zurückzogen. Die Mehrzahl der katholischen Diözesen hatte bereits in den 50er Jahren der Verfilmung zugestimmt.

Die genealogischen Aktivitäten der Mormonen haben aufgrund ihrer Zugehörigkeit zum Tempelkult eine ganz andere Qualität und Ausrichtung als normale familiäre oder historische Ahnenforschung. Sie sind konkreter Ausdruck einer fremden, nicht-christlichen Heilsideologie. Es kann deshalb nicht die Aufgabe von Gemeinden oder Kirchenverwaltungen sein, dabei mitzuhelfen, daß die Namen von solchen Menschen, die als Christen und bewußte Mitglieder ihrer Kirchen gelebt haben und gestorben sind, nun zu Objekten magischer Toten-Rituale einer fremden Religion werden.

Die von einzelnen Mormonen auf der Suche nach ihren Vorfahren an Kirchen und Gemeinden gerichteten Bitten um Auskünfte können sicher nicht abgeschlagen werden. Von einem pauschalen Überlassen ganzer Kirchenbücher und Personenstandsregister an die „Genealogische Gesellschaft" ist jedoch aus theologischen, seelsorgerlichen und auch juristischen Gründen abzuraten (vgl. Gutachten des Kirchenrechtlichen Instituts der EKD/München, 1978).

Die „Siegelungen"

Nach Totentaufe und Endowment bilden die „Siegelungen" für Lebende und Tote den dritten großen Block der Tempelrituale. „Gesiegelt" werden Ehepaare und – wenn nötig – Kinder an ihre Eltern, was in besonders dafür eingerichteten Räumen geschieht, die mit großen Spiegelflächen, langen Stuhlreihen an den Wänden und einem elegant gepolsterten Altar in der Mitte ausgestattet sind. Alle Teilnehmer an diesen „heiligen Handlungen" – Ehepaare, Kinder, Gäste und Amtierende – tragen weiße Tempelkleidung, wobei jedoch nur für die zu ‚Siegelnden' die vollständige Zeremonialkleidung vorgeschrieben ist.

(1) Die „Eheschließung im Tempel“

Der „Siegelung“ von Ehepaaren geht gewöhnlich eine kurze Ansprache des „Sealer“ voraus, der auf die Bedeutung der jetzt im Tempel „für Zeit und Ewigkeit“ zu schließenden Ehe hinweist. Währenddessen stehen die Ehepartner in der Mitte des Raumes, und jeder sieht in die Spiegel der gegenüberliegenden Wand. Durch die scheinbar endlose Reihe der reflektierenden Räume soll der Eindruck von ‚Ewigkeit‘ und ‚Unendlichkeit‘ erweckt werden.

Nach der Rede nehmen zwei „Zeugen“ besondere Ehrenplätze ein, während Braut und Bräutigam auf einer gepolsterten Umrandung zu beiden Längsseiten des Altars niederknien und sich ansehen. Der „Sealer“ stellt sich an das Kopfende des Altars und spricht die liturgischen Stücke der Zeremonie:

> „*Sealer:* Bruder ..., (stellvertretend für ..., der tot ist), wenn Sie jetzt Schwester ... *[Mädchenname]* (stellvertretend für ..., die tot ist) bei der rechten Hand nehmen und sie als Ihre für Zeit und Ewigkeit rechtmäßig angetraute Ehefrau empfangen, und wenn Sie geloben und versprechen, alle Gesetze, Riten und Verordnungen zu halten, die zu diesem Heiligen Ehestand des Neuen und Ewigen Bundes gehören, und wenn Sie es in Gegenwart Gottes, der Engel und dieser Zeugen tun, geschieht das alles aus freiem Willen?
> *Bräutigam:* Ja.“

Wenn die Braut auf eine entsprechende Frage ebenfalls mit „Ja“ geantwortet hat, „siegelt“ der Tempelbeamte die Eheleute „für Zeit und Ewigkeit“ aneinander, indem er folgende Formel rezitiert:

> „*Sealer:* Kraft des Heiligen Priestertums und der Autorität, die mir verliehen ist, erkläre ich Sie ... und ... gesetzlich und rechtmäßig zu Mann und Frau für Zeit und Ewigkeit, und ich übertrage auf Sie die Segnungen der heiligen Auferstehung, mit der Kraft, am Morgen der ersten Auferstehung hervorzukommen, gewandet mit Ruhm, Unsterblichkeit und ewigem Leben, und weiterhin übertrage ich auf Sie die Segnungen von Königreichen, Thronen, Fürstentümern, Mächten, Herrschaften und Erhöhungen, einschließlich der Segnungen Abrahams, Isaaks und Jakobs, und ich sage Ih-

nen: Seien Sie fruchtbar und mehren Sie sich und füllen Sie die Erde, auf daß Sie Freude haben werden am Tage des Herrn Jesus Christus. Alle diese Segnungen, einschließlich der Segnungen, die zu diesem Neuen und Ewigen Bund gehören, übertrage ich auf Sie kraft des Heiligen Priestertums, aufgrund Ihres Glaubens, im Namen des Vaters und des Sohnes und des Heiligen Geistes. Amen."

Mit einem Kuß, den sich die Eheleute über dem Altar geben, endet die Zeremonie. Der Tempelbeamte gratuliert dem Paar und seinen Gästen. Daraufhin verlassen alle den Raum und legen wieder ihre Straßenkleidung an.

(2) Siegelung der Kinder an die Eltern

Ehepaare, gewöhnlich Konvertiten, die aneinander gesiegelt werden, haben oft auch (minderjährige) Kinder. Diese werden normalerweise sofort im Anschluß an die eben beendete Zeremonie an ihre Eltern gesiegelt. Den Kindern ist es nicht gestattet, bei der Siegelungszeremonie ihrer Eltern anwesend zu sein. Sie werden aber gleich danach - in ihrer weißen Tempelkleidung - in den Raum gebracht, wo ihre Eltern noch am Altar knien. Diese legen ihre Hände wieder zusammen, die Kinder knien sich neben sie und legen ihre jeweils rechten Hände auf die der Eltern, beginnend mit dem ältesten Kind. Der Zeremonienmeister stellt sich hinter den Vater und spricht die Siegelungsformel:

„*Sealer:* Mit der Autorität des Heiligen Priestertums siegele ich dich ... (stellvertretend für ..., der/die tot ist) und ... und ... *[usw. in der Reihenfolge des Alters der Kinder]* an deinen Vater ... und an deine Mutter ..., für Zeit und Ewigkeit, als Erbe, so als ob du im Neuen und Ewigen Bund geboren worden wärest, im Namen des Vaters und des Sohnes und des Heiligen Geistes. Amen."

Mit Endowment und Tempel-Siegelung hält jedes Ehepaar nun die beiden entscheidenden ‚Schlüssel' in Händen, um nach der Auferstehung das ‚Schloß' zum Reiche Gottes zu öffnen.

„Dort wird man Jesus Christus und unseren himmlischen Vater vorfinden und die einzelnen Familien, mit Ehemann, Ehefrau und Kindern, vom Priestertum zusammengefügt" (George McCune, The Blessing of Temple Marriage, S. 19).

Die Tempel-Ehe bewirkt also kaum vorstellbare „Segnungen". Bei der Ankunft im Reiche Gottes werden die ‚Gesiegelten' als erstes zu „Mitgliedern der Familie Gottes" ernannt und haben damit das Vorrecht, auf ewig in dessen Familie zu leben. Als „Götter" erwerben sie zudem das Recht auf Mitregentschaft in dessen Reich:

> „Der Vater im Himmel wird Dir und Deinem Ehepartner einen Teil seines Reiches als rechtschaffenes Erbe geben; ... d.h., daß Ihr Mitbesitzer von Gottes Reich und Herrschaft sein werdet" (McCune, aaO., S. 88).

Das zukünftige ‚Gott-Sein' der ‚Gesiegelten', vergleichbar dem jetzigen ‚Gott-Sein' Gottes, äußert sich besonders auch im Hervorbringen unendlich vieler „geistiger Kinder", die dann den gleichen Lauf durch eine materielle Existenz absolvieren, wie es jetzt auf dieser Erde geschieht, um dann später ebenfalls in ihre „Erhöhung" einzugehen. Dazu wird es allerdings notwendig sein, daß die „göttlichen" Ehepaare eigene Welten und Planeten „organisieren", auf denen sich der Fortschritt ihrer Geist-Kinder vollziehen kann. Joseph Fielding Smith, zehnter Mormonen-Präsident, hatte davon folgende Vorstellung:

> „Gott Vater hat uns verheißen, daß wir ... ihm gleich werden dürfen. Um ihm aber gleich zu werden, müssen wir alle Fähigkeiten und Möglichkeiten eines Gottes bekommen. Wenn daher ein Mann und eine Frau verherrlicht werden, haben sie Geistkinder, die schließlich auf eine Erde wie diese gelangen und die gleichen Erfahrungen wie wir machen. Sie leben als sterbliche Menschen in einer irdischen Welt, und wenn sie getreu sind, werden sie ebenfalls in vollem Maße erhöht und haben an den gleichen Segnungen teil. Dieser Vorgang wird niemals aufhören. Wir können Götter werden und herrschen über Welten, die wir mit unseren eigenen Nachkommen bevölkern. Dafür werden wir eine endlose Ewigkeit haben" (Lehren der Erlösung, Bd. II, S. 53f).

Und George McCune meint dazu:

„Je mehr Eure Geistkinder an Zahl zunehmen und je mehr Welten Ihr schafft, auf denen sie leben können, desto größer wird Euer Herrschaftsbereich. Euer Name wird in Herrlichkeit erschallen und Eure Nachkommen werden Euch nennen: Unser Vater im Himmel ..." (aaO., S. 89).

Anmerkung zu den Siegelungen:

In seinem Buch „Ein wunderbares und seltsames Werk" behauptete der ehemalige, 1983 verstorbene Mormonen-„Apostel" LeGrand Richards, daß es „von Anfang an die Absicht des Herrn" gewesen sei, „daß der Ehebund nicht nur für die Zeit, sondern auch für die Ewigkeit dauern sollte", fügt aber sogleich erklärend hinzu, daß diese ‚Erkenntnis' erst aufgrund „neuer Offenbarungen" („dies ist eine der größten in unserer Evangeliumszeit geoffenbarten Wahrheiten") gewonnen worden sei (aaO., S. 290). Damit wird zugestanden, daß eine Vorstellung, die Ehe könne über den Tod hinaus in alle Ewigkeit Bestand haben, nicht der biblischen Verkündigung entstammt.

Das Neue Testament ist in seiner diesbezüglichen Beurteilung sehr klar. Die Ehe wird als von Gott gestiftet anerkannt (Markus 10,6f) und unterliegt damit keiner menschlichen Manipulation. Gleichzeitig gehört sie als Ordnungsprinzip dem augenblicklichen alten Äon an und wird im neuen Äon der Gottesherrschaft nicht mehr sein. Das macht die Antwort Jesu auf die Fangfrage der Sadduzäer, die selbst nicht an die Auferstehung glaubten, deutlich. Diese wollten am (fiktiven) Beispiel einer Frau, die nacheinander mit sieben Männern verheiratet gewesen war, die Frage geklärt haben: „Welchem nun von diesen sieben wird sie in der Auferstehung als Frau angehören?" Aus der Antwort Jesu geht unmißverständlich hervor: (1) Es gibt eine Auferstehung, denn Gott ist ein Gott der Lebenden und nicht der Toten; (2) im Reiche Gottes gibt es kein Heiraten oder Verheiratetwerden (und damit auch kein Verheiratetsein); denn (3) die Menschen werden alles Irdische hinter sich gelassen haben und in der Nähe Gottes als völlig verwandelte Wesen existieren.

Hier wie im ganzen übrigen Neuen Testament steht nichts von mormonischen „Tempelsiegelungen" für Ehepaare mit und ohne Kinder, vollzogen von einem „vollmächtigen Priestertum", auch nichts von „ewigen Ehen" mormonischer Gott-Menschen in „celestialen" Bereichen.

Auch die Antworten des Paulus, der in 1 Korinther 7 zu konkreten Fragen der Gemeinde Stellung nimmt, spiegeln die Dialektik von Unauflöslichkeit und Diesseitigkeit des Eheprinzips, dazu jene von Ehe und Ehelosigkeit. Paulus hält die Ehe aus „fleischlichen Gründen" für geboten. Besteht eine Ehe, so ist sie gemäß der Naturordnung zu vollziehen und aufgrund der Übereinkunft zu halten. In seiner eigenen Person möchte der Apostel aber ein Beispiel dafür sehen, daß auch der Unverheiratete durchaus in einem vollgültigen Stande vor Gott lebt, da die Eheordnung ein Kennzeichen des „Vorletzten" und nicht des „Letzten" ist; denn „die Gestalt dieser Welt vergeht" (V. 31).

Die im Mormonismus vertretene und für das Jenseits strukturierte Ehe- und Familienideologie ist aus christlicher Sicht als unbiblisch zu beurteilen und dem Bereich haltloser Spekulationen zuzuordnen.

Die „Zweite Salbung"

Das Ritual der „Zweiten Salbung" ist heute die geheimste zeremonielle „Verordnung" der „Kirche Jesus Christ der Heiligen der Letzten Tage" und wird nur noch ganz selten vollzogen, etwa für den amtierenden „Propheten", seine „Apostel" und einige wenige Auserwählte.

Einfache Mormonen, aber selbst auch Tempelarbeiter, kennen dieses Ritual nur vom Hörensagen, und manche von ihnen sind der Meinung, daß ihre „Kirche" das Wissen um diese Dinge absichtlich unterdrücke.

Mit der „Zweiten Salbung" werden die „höchsten Segnungen" übertragen, die die Mormonen-„Kirche" für Menschen hier auf der Erde bereithält, nämlich die „Fülle des Priestertums". Das heißt: Die Empfänger dieser „Segnung" werden schon im irdischen Leben unwiderruflich zu „Königen und Priestern dem höchsten Gott", gleichzeitig aber auch selber zu „Göttern" gesalbt, womit (über die Auferstehung hinaus) eine Verknüpfung des irdischen und des ewigen Lebens vorgenommen wird. Mit anderen Worten: Die solchermaßen Gesalbten sind ihrer „Berufung und Erwählung sicher". In der „Ersten Salbung", im Endowment, wird nur die *Möglichkeit* geschaffen, *einst* „König und Priester" (und Gott) zu werden.

Schon drei Jahre vor der Initiation von führenden Mormonen in die neu entwickelten Tempelrituale im Mai 1842 hatte Joseph Smith am 27. Juni 1839 in Nauvoo in einer Predigt, in Anlehnung an 2 Petrus 1,10f, die Lehre von der „sicheren Berufung und Erwählung" vorgestellt (vgl. History of the Church, Vol. 3, S. 379f). Smith deutete sie unter anderem als Vorgang einer persönlichen „Offenbarung", in der Jesus Christus dem betreffenden Menschen die Zusicherung des „ewigen Lebens" gebe (vgl. Ehat/Cook, Works of J. Smith, S. 5). Da die hörbare Stimme diejenige des in Johannes 14,26 verheißenen „Trösters" sei, wäre für den ‚Erwählten' damit auch der direkte Zugang zur göttlichen Welt, d.h. zu Gott und Jesus Christus eröffnet, was Smith so beschrieb:

> „Ihm wird von Zeit zu Zeit Jesus Christus erscheinen; und Christus wird ihm den Vater offenbaren, und beide werden bei ihm Wohnung nehmen. Der Himmel wird offenstehen, und der Herr wird ihn von Angesicht zu Angesicht lehren, und er wird ein vollständiges Wissen über die Geheimnisse des Reiches Gottes haben. Das ist der Zustand, den die Heiligen aus alter Zeit erlangten, als sie ihre wunderbaren Visionen hatten: Jesaja, Hesekiel, Johannes auf Patmos und Paulus im dritten Himmel" (Ehat/Cook, Works of Joseph Smith, S. 5).

Am 28. September 1843 wurde dann an J. Smith in Nauvoo zum ersten Mal das Ritual der „Zweiten Salbung" vollzogen, was dieser wiederum, nach dem Prinzip der „gegenseitigen Ordination", bis Ende Mai 1844 an anderen führenden Mormonen (etwa 20 an der Zahl) und deren Ehefrauen vornahm. Da der Tempel noch im Bau war, geschah das alles in Privathäusern.

Nach der Übersiedlung der Mormonen in das Große Salzseetal trat eine längere Pause ein. Erst ab dem 31. Dezember 1866 wurde das Ritual wieder zelebriert. Als die Praxis auszuufern drohte (es gab auch „Unwürdige" unter den Empfängern), bestimmte die „Erste Präsidentschaft" am 6. November 1891, daß bei ihr die letztgültige Zustimmung für diese „Segnung" läge, die Pfahl-Präsidenten jedoch weiterhin Kandidaten vorschlagen könnten.

David J. Buerger beschreibt in seinem Essay „The Fulness of the Priesthood", wie um die Jahrhundertwende aufgrund dieser Anordnung Kandidaten vorgeschlagen wurden. Wenn ein Pfahl-Präsident ein Ehepaar der „Zweiten Salbung" für würdig hielt, stellte er einen normalen „Tempelempfehlungsschein" aus, ohne Hinweis darauf, daß das Dokument für die „höchste Verordnung" gedacht war. Aus den biographischen und sonstigen Notizen jedoch, die gemeinsam mit dem Tempelschein dem Präsidenten der „Kirche" zugeleitet wurden, konnte dieser die Intention erkennen und seine Zustimmung durch die Rücksendung des von ihm gegengezeichneten Scheines ausdrücken. Erst hiernach war der Pfahl-Präsident berechtigt, mit dem betreffenden Paar, das bis dahin von dem ganzen Vorgang keine Kenntnis hatte, Kontakt aufzunehmen. Bestätigte Kandidaten wurden ermahnt, mit niemandem über die „Zweite Salbung" zu sprechen. Auch sollte pro Woche nicht mehr als ein Ehepaar zum Tempel kommen, damit nach außen hin Unauffälligkeit und Vertraulichkeit gewahrt blieben (ebd., S. 35).

Nachdem bis in die Mitte der 20er Jahre dieses Jahrhunderts noch einige Tausend Mormonen ihre „Zweite Salbung" erhalten hatten, wurde der Zugang dazu ab 1928 so dramatisch gedrosselt, daß es bis 1941 nur noch ganz wenige Vollzüge pro Jahr gab. Das hing mit einer bis heute nachwirkenden Entscheidung zusammen, die Präsident Heber J. Grant am 30. Januar 1926 bekanntgab:

> „Zweite Salbungen werden nur vom Präsidenten der Kirche auf Empfehlung eines Mitgliedes des Rates der Zwölf gege-

ben" (Heber J. Grant to S. L. Chipman, 30. Januar 1926, zitiert in: Buerger, aaO., S. 40).

Damit war das Vorschlagsrecht der Pfahl-Präsidenten aufgehoben. Der „Apostel" George F. Richards beklagte sich in einem Brief im August 1949 an die „Erste Präsidentschaft" und den „Rat der Zwölf" darüber, daß es praktisch keine „Zweiten Salbungen" in der „Kirche" mehr gäbe:

> „Ich habe das Gefühl, daß wir praktisch aufgehört haben, Zweite Salbungen in der Kirche zu vollziehen. ... Tausende von guten und gläubigen Männern und Frauen sterben nun, ohne die Fülle der Verheißungen zu bekommen, die mit den Tempel-Zeremonien verbunden sind. ... Tempel, die jetzt und in Zukunft gebaut werden, sollten einen besonderen Raum nur für dieses Ritual haben, genannt das Allerheiligste. ..." (George F. Richards to the Members of The First Presidency and the Quorum of the Twelve; typescript copy 18. August 1949; in: Buerger, aaO., S. 42).

Wie schon zu Beginn des Kapitels erwähnt, scheint das Thema „Zweite Salbung" von den Spitzenführern der Mormonen-„Kirche" heute mit dem Schleier eines absoluten Tabu bedeckt worden zu sein, der sogar für die eigenen Mitglieder nicht mehr gelüftet wird. Diese Beobachtung bestätigt auch der Mormone D. J. Buerger, wenn er meint:

> „Abgesehen von ein paar Briefen und einigen bruchstückhaften Informationen, ist nur ganz wenig über die gegenwärtige Praxis der Heiligen der Letzten Tage im Hinblick auf die Zweiten Salbungen bekannt. Die Mitglieder wissen heute praktisch nichts über diese Verordnung" (S. 42).

Im Juni 1978 bekam ein Tempelarbeiter in Salt Lake City den Text einer in neuerer Zeit im dortigen Tempel zelebrierten „Zweiten Salbung" in die Hand; das Dokument stammt aus dem „Salt Lake Temple Ordinance Book" und ist nicht datiert. Es ist jedoch sehr wahrscheinlich, daß dieser Ritualtext gegenwärtig bei den „Salbungen" benutzt wird, da Bruce McConkie dessen Inhalt in den entsprechenden Artikeln seines Buches „Mormon Doctrine" (1979) klar bestätigt. Dieser Text wurde bisher noch nicht veröffentlicht und soll hier dokumentiert werden:

„Lieber Bruder – von Gott dazu autorisiert, gieße ich das heilige Salbungsöl auf dein Haupt und salbe dich zum König und Priester dem Allerhöchsten Gott, damit du herrschest und regierest im Hause Israels immerdar. Ich verleihe dir alle Rechte, Segnungen und Befugnisse, die dem Heiligen Priestertum zugehören, um das Reich Gottes auf Erden zu errichten.
Durch diese Salbung siegele ich dich zum ewigen Leben, in welchem dich nichts von der Verheißung und dem Segen scheiden kann, außer die unvergebbare Sünde, unschuldiges Blut zu vergießen und den Heiligen Geist zu verleugnen. Du sollst erhöht werden in das celestiale Reich Gottes und leben in der patriarchalen Familie Gottes auf ewig. Mit dieser Erhöhung ordiniere ich dich, in der Ordnung des ewigen Priestertums, zu einem, der den Göttern gleich und ein Gefährte der heiligen Engel ist.
Dein Reich und deine Kraft und deine Herrlichkeit sollen kein Ende haben. Deine rechtschaffenen Nachkommen sollen von Ewigkeit zu Ewigkeit Bestand haben und dir Lobgesänge singen ohne Ende.
All dies tue ich gemäß dem Recht des Heiligen Priestertums, im Namen des Vaters und des Sohnes und des Heiligen Geistes. Amen".

Anmerkung zur „Zweiten Salbung":
Die in 2 Petrus 1,10 enthaltene Aufforderung an die Empfänger des Briefes, „... bemüht euch noch mehr darum, daß eure Berufung und Erwählung sicher ist", gab J. Smith wohl den äußeren Anstoß, das Ritual der „Zweiten Salbung" zu entwickeln. Entscheidend dabei war allerdings nicht der Textzusammenhang (Verse 3–11), sondern die von ihm früher schon entwickelte Idee einer ‚Vergöttlichung' bzw. ‚Gottwerdung' des Menschen, die er wahrscheinlich in Vers 4 bestätigt fand („... die große Verheißung, ... an der göttlichen Natur Anteil zu erhalten").

An diesem Bezug auf 2 Petrus 1,3–11 wird im Hinblick auf die „Zweite Salbung" auch heute noch festgehalten, so etwa bei Bruce McConkie:

„Jene Mitglieder der Kirche, die vollkommen rechtschaffen leben, ... machen ihre Berufung und Erwählung sicher. Das heißt, sie erhalten das ganz sichere Wort der Verheißung, was bedeutet, daß der Herr ihnen das Siegel der Erhöhung [= der Gottwerdung] verleiht, während sie noch in diesem Leben sind" (Mormon Doctrine, S. 109).

Der 2. Brief des Petrus spiegelt eine verschärfte Auseinandersetzung mit gnostischen Irrlehren wider, die eine nochmalige Parusie Christi bezweifeln. Es ist der Versuch, diese Angriffe abzuwehren und die Leser in ihrer durch die Apostel verbürgten Tradition zu bestärken. Der Verfasser des 2. Petrusbriefes hat sicherlich nicht vor Augen gehabt, daß Menschen in Wesen, Erscheinung und Machtvollkommenheit ‚Gott gleich' und schon auf Erden durch das Zelebrieren eines geheimen Rituals zu eben einem solchen ‚Gott' gesalbt werden könnten.

Die Verheißung der Anteilnahme an der „göttlichen Natur" kann für Christen doch nur bedeuten, daß sie (durch die Auferstehung) eine Verwandlung ihrer Existenz erfahren und *in* der Gegenwart Gottes und *auf sie* bezogen in völlig neuer Seinsweise leben dürfen. Für den irdischen Bereich gilt jedoch erst einmal, die „Berufung und Erwählung" zum Christen „festzumachen", d. h. zu stabilisieren und glaubwürdig zum Ausdruck zu bringen.

Wenn schon alle anderen, zuvor analysierten Rituale das nichtchristliche Wesen des Mormonismus unübersehbar herausstellen, so wird mit Struktur und Intention der „Zweiten Salbung" noch der krönende Schlußpunkt gesetzt. Die Kluft zum ökumenischen Christentum ist unüberbrückbar.

Dritter Teil

Kritische Begegnung mit dem Mormonismus

Der Mormonismus ist von seinen Anfängen bis in die Gegenwart hinein vom jeweiligen Umfeld, besonders aber von den traditionellen Kirchen und Freikirchen, stets kritisch beobachtet worden. Daß die daraus folgende Auseinandersetzung mit den Lehren und Riten der „Heiligen der Letzten Tage" im Laufe der Zeit nicht nachgelassen hat, liegt in erster Linie wohl in dem schroffen Gegensatz zwischen dem Selbstverständnis dieser Gemeinschaft, nämlich die „einzig wahre christliche Kirche auf Erden" zu sein, und deren völlig vom christlichen ‚common sense' abweichenden Überzeugungen. Diese Diskrepanz wurde und wird von den Christen immer wieder als höchst provozierend empfunden.

Die Reaktion der Mormonen auf Kritik ist normalerweise Unverständnis. Sie verstehen gar nicht, was es an ihrer „Wahrheit" bzw. am mormonischen „Evangelium" zu deuteln gibt: Entweder man nimmt das alles an oder nicht; eine dritte Möglichkeit ist nicht vorgesehen. Die Missionare etwa haben die Aufgabe, den Mormonismus bekannt zu machen und für die Gemeinschaft zu werben, nicht jedoch einzelne Lehren kritisch zu diskutieren. In ihrem „Handbuch für Missionare" heißt es:

> „Debatten, Streitgespräche und erhitzte Diskussionen stehen nicht in Einklang mit dem Geist des Herrn" (aaO., S. 8).

Wenn in kontroversen Gesprächen (so sie stattfinden) einem Mormonen die Argumente ausgehen oder er keine Lust mehr hat mitzureden, zieht er sich meist mit diesen oder ähnlichen Worten zurück: „Ich habe ein Zeugnis in meinem Herzen, daß Joseph Smith ein Prophet Gottes war und die Kirche Jesu Christi der Heiligen der Letzten Tage die wahre Kirche ist".

Hin und wieder hört man auf mormonischer Seite auch die (in solchen Fällen allerdings rhetorisch gemeinte) Frage: „Sind Mormonen eigentlich Christen?" Die Antwort wird dann gewöhnlich gleich mitgeliefert: „Natürlich, denn sie glauben doch an Gott und Jesus Christus und sind im Besitz des ‚wahren (wiederhergestellten) Evangeliums'".

1993 erschien in deutscher Übersetzung ein Buch von Stephen E. Robinson mit eben dem Titel: „Sind Mormonen Christen?" Über den Zweck des Buches heißt es im Klappentext: „Dieses gewissenhaft recherchierte Buch stellt für die Heiligen der Letzten Tage ein Hilfsmittel dar, um Einwänden von Kritikern erfolgreich entgegenzutreten sowie Kirchenmitglieder zu stärken, deren Angehörige und Freunde fürchten, daß sie einem ‚Kult' beigetreten sind, und um alle Leser über die Zusammenhänge zwischen der neutestamentlichen Kirche, dem ‚traditionellen' Christentum und der Kirche Jesu Christi der Heiligen der Letzten Tage aufzuklären". Robinson war, dem Klappentext zufolge, im Jahre 1991 Vorsitzender der „Abteilung Schriftenkunde des Altertums an der Brigham Young University" und „Leiter der Forschungsgemeinschaft zur wissenschaftlichen Erforschung der ‚Köstlichen Perle'"; er habe aber zwischenzeitlich auch an einem presbyterianischen College sowie an der Duke University (den Methodisten nahestehend) „Religion" unterrichtet.

Robinson möchte bei seiner ‚Beweisführung', daß „Mormonen Christen sind", nicht die „Richtigkeit" in den Mittelpunkt stellen, sondern die „Gerechtigkeit":

> „Das heißt also, wenn der Heilige Augustinus, wenn Luther oder Johannes Paul II. ihre Meinung äußern oder Glaubenssätze vertreten dürfen, die vom normativen Christentum abweichen, und man sie trotzdem als Christen betrachtet, dann darf man Joseph Smith oder Brigham Young das Christentum nicht absprechen, wenn sie dieselben oder ähnliche Ansichten vertreten. Wenn theologische oder dogmati-

> sche Unterschiede zwischen den christlichen Großkirchen geduldet werden, ohne daß man sie als nicht christlich einstuft, dann müßten ähnliche oder gleiche Unterschiede auch in bezug auf die Heiligen der Letzten Tage geduldet werden" (Robinson, aaO., S. 9).

Früher hätten Katholiken und Protestanten einander angegriffen und sich gegenseitig vorgeworfen, keine Christen zu sein. Mittlerweile (in den 500 Jahren seit der Reformation) habe man sich aneinander gewöhnt und erkenne die Unterschiede an. Im Hinblick auf die Mormonen sieht Robinson die Problematik darin, daß seine Gemeinschaft erst gut 160 Jahre alt sei. Aus diesem Grunde

> „haben sich die älteren Religionsgemeinschaften weder an uns gewöhnt noch bringen sie die Höflichkeit und Toleranz auf, die sie einander mit größter Selbstverständlichkeit gewähren" (ebd., S. 9).

Eine entscheidende Quelle für „Fehlurteile" der Kritiker sieht Robinson in deren „Fehldarstellungen"; sie würden die Lehren der Mormonen nicht verstehen und hätten völlig falsche Vorstellungen davon, was wirklich gelehrt werde. Die Kritiker sollten sich daran halten, was „offizielle Lehre der Kirche" sei, nämlich ausschließlich die vier „Heiligen Schriften" („was Gott gesprochen hat") und nicht das, was einzelne „Heilige" mündlich oder schriftlich von sich geben, seien sie „Apostel" oder „Propheten" (ebd., S. 33f).

Im folgenden versucht Robinson nun unter den drei Hauptpunkten „Geschichte und Tradition", „Kanon und Bibel" sowie „Kirchenlehre" deutlich zu machen, daß die Lehren und Rituale des Mormonismus gar nicht so anders seien als diejenigen der traditionellen christlichen Kirchen. Darauf wird an den entsprechenden Stellen zurückzukommen sein.

Die „Wiederherstellung"

Eine der wenigen Überzeugungen, die der Mormonismus mit verschiedenen außerkirchlichen Sekten und Sondergemeinschaften teilt, ist die Vorstellung, daß es in der frühen christlichen Kirche einen „Abfall vom wahren Glauben" gegeben habe und deshalb eine „Wiederherstellung" der ‚Wahrheit' notwendig gewesen sei. Letzteres habe sich nun ausschließlich in der jeweiligen Sekte oder Sondergemeinschaft ereignet, die zur Zeit also die „einzig wahre Kirche" auf Erden verkörpere. Der kleinen Minorität wird auf diese Weise das Bewußtsein von Überlegenheit und Exklusivität eingeprägt. In diesem Zusammenhang ist allerdings darauf hinzuweisen, daß in keiner der hier in Rede stehenden Gemeinschaften (etwa Zeugen Jehovas, Neuapostolische u. a.) die Theorie von der „Wiederherstellung" ein so alles erdrückendes Gewicht bekommen hat, wie eben im Mormonismus.

Dieser festgefügten Struktur steht nun aber die argumentative Schwachheit ihrer Inhalte diametral gegenüber, da allen von den Mormonen angeführten Elementen jegliche Beweiskraft fehlt: Sie beruhen entweder auf schieren Behauptungen oder auf Mißdeutungen biblischer Texte. Angeführt werden etwa 1 Timotheus 4,1–3; Apostelgeschichte 26,29–21; 2 Thessalonicher 2,7–11, u. a.

Die für den Mormonismus grundlegende Meinung etwa, Jesus habe während seines irdischen Wirkens eine „Kirche" gegründet, die später korrumpiert wurde und daher von Joseph Smith habe „wiederhergestellt" werden müssen, hat keine neutestamentliche Basis. Aus der urchristlichen Verkündigung geht jedenfalls mit keinem Wort hervor, daß Jesus expressis verbis eine ‚Kirche' im heutigen Sinne gewollt oder sogar gegründet hatte. Die singuläre ‚ekklesiologische' Aussage von Matthäus 16,18f kann, nach Meinung vieler Neutestamentler, nicht mit absoluter Sicherheit auf Jesus selbst zurückgeführt werden, da dieser als Verkündiger des angebrochenen Gottesreiches wohl nicht mit einer verfaßten ‚Kirche' gerechnet habe. Von einer solchen kann erst viel später gesprochen werden, nachdem sich verschiedene Gemeinde- und Ämterstrukturen herausgebildet hatten.

Wenn es nun eine von Jesus gegründete ‚Ur-Kirche', wie die Mormonen sie behaupten, nicht gegeben hat, kann sie logischerweise von Joseph Smith auch nicht „wiederhergestellt" worden sein.

Bei der Beschreibung des „großen Abfalls" weisen die Mormonen mit Vehemenz auf die zur Genüge bekannten Zustände in der frühen und mittelalterlichen Kirche hin, die fast alle Unzulänglichkeiten und Auswirkungen sündhafter menschlicher Existenz widerspiegelten. Der Grundirrtum der Mormonen besteht jedoch darin, die damalige verfaßte Kirche als organisatorische Größe mit der Gemeinschaft der Glaubenden als dem unsichtbaren Leib Christi zu identifizieren. So muß sich folgerichtig die darauf basierende Behauptung, Gott habe seinen Hl. Geist pauschal von der Kirche als ganzer genommen und das Evangelium sei verlorengegangen, als unbegründet und theologisch falsch erweisen. Zudem gehört ein Urteil darüber, wem Gott seinen Heiligen Geist schenkt und wem nicht, wohl kaum in den Zuständigkeitsbereich der Mormonen.

Auch Robinson geht in seinem Buch auf das Stichwort „Wiederherstellung" ein, wobei er für seine Gemeinschaft das Recht beansprucht, den traditionellen Kirchen und ihren Gläubigen die „göttliche Vollmacht" abzusprechen und die „theologische Gültigkeit späterer Entwicklungen des historischen Christentums zu bestreiten".

In seinem ‚Beweisgang' meint er, daß die Protestanten mit der Reformation eine Art „Wiederherstellung" der ursprünglichen Kirche gewollt und mit Hinweis auf die „Verderbtheit der römischen Kirche" ihre eigenen Reformbestrebungen gerechtfertigt hätten. In diesem Zusammenhang behauptet Robinson, daß die Protestanten in bezug auf die „Lehre vom Abfall", – d. h. „daß ab einem bestimmten Zeitpunkt die historische Kirche nicht mehr die wahre Kirche Gottes war" –, mit den „Heiligen der Letzten Tage" übereinstimmen würden. Außerdem ist er der Meinung, daß sich das gegenseitige ‚Absprechen' von „Vollmacht" häufig in der Kirchengeschichte finde:

> „Die Griechisch-Orthodoxen lehnen die Vollmacht der Westkirche seit 1054 n. Chr. ab. ... Sechs Jahrhunderte vorher, anläßlich des Konzils von Chalcedon (451 n. Chr.), verwarfen die armenischen, syrischen, koptischen und abessinischen Christen die ‚große Kirche'. ... Bei jedem Mal hat je-

> mand die Autorität der Mutterkirche verworfen und sich geweigert, deren Gebräuche und Lehren beizubehalten. Trotzdem bestreitet deswegen niemand das Christentum der Armenier, Kopten und Syrer, der Griechisch-Orthodoxen und Protestanten. ... Warum dürfen dann die Heiligen der Letzten Tage, die an Jesus Christus und das Neue Testament glauben, jene Gebräuche und Lehren aus nach-neutestamentlicher Zeit nicht ablehnen?" (aaO., S. 65f).

Mit seinen Ausführungen hat Robinson zu erkennen gegeben, daß er weder von der Reformation noch von der Lehrentwicklung der historischen Kirche etwas versteht. Sonst hätte er diese Aspekte nicht mit der mormonischen „Wiederherstellung" vergleichen können, bei der es doch um etwas ganz anderes geht, nämlich um die mit Hilfe „neuer Offenbarungen" vorgenommene Konstruktion unbiblischer Lehren und Rituale.

Trotz ganz unterschiedlicher Lehrausprägungen und theologischer Traditionen arbeiten alle genannten Kirchen und noch sehr viel mehr (zur Zeit 324) im Ökumenischen Rat der Kirchen zusammen, weil sie eine gemeinsame christliche Basis haben, die es auch zwischen ihnen und der Katholischen Kirche gibt. In völligem Gegensatz dazu steht der Mormonismus, der auf keinen Fall zu diesem weiten ökumenischen Spektrum gezählt werden kann.

„Neuzeitliche Offenbarungen"

Wie schon im ersten Teil dargestellt, wäre das Religionssystem des Mormonismus ohne die Behauptung des Vorhandenseins und des entsprechenden Praktizierens „neuzeitlicher Offenbarungen" kaum denkbar. Hier sollen die folgenden beiden Fragen kurz gestreift werden, die zur Beurteilung des Phänomens helfen können: (1) Sind „neue Offenbarungen" heute notwendig? und (2) Welche Funktion hatten und haben mormonische „Offenbarungen"?

‚Offenbarung' ist ein Grundbegriff christlicher Theologie und christlichen Glaubens. Dabei geht es um die Frage:

„Wer" offenbart, und „was" wird offenbart? Zum ersten: Es handelt sich um die Selbstoffenbarung Gottes – im Alten Testament: „Ich bin der Herr, dein Gott ..." (2 Mose/Exodus 20,1), und im Neuen Testament in der Aussage Jesu: „Wer mich sieht, sieht den Vater" (Johannes 14,9). Zum zweiten: Es wird „etwas gesagt, was sich der Mensch nicht selbst sagen kann" (Karl Barth), ein ‚Wort von außen'. Gott offenbart jedoch nicht irgend etwas (z.B. eine neue Wahrheit, oder einen Weg zur Erleuchtung, usw.), sondern: *sich selbst*. Der „Wer" und das „Was" sind also identisch.

Aber: ‚Offenbarung' ist nichts Unbewegliches, sondern ein Geschehen. Gott begründet mit seiner Selbstoffenbarung eine Beziehung zwischen sich und den Menschen. Davon redet das ganze Alte und Neue Testament sehr konkret: es geht um Schöpfung, Geschichte, Sünde/Schuld, Rechtfertigung, Erlösung, Tod, Auferstehung, Gericht und ewiges Leben.

(1) Eine Antwort auf die Frage nach der *Notwendigkeit* „neuer Offenbarungen" im christlichen Umfeld hängt wesensmäßig von der Frage ab, ob das in der Bibel bezeugte Offenbarungsgeschehen nach Struktur und Inhalt als abgeschlossen gelten muß oder nicht. Ein wichtiges Argument dafür, daß das erstere als richtig anzunehmen ist, ergibt sich aus dem im Alten und Neuen Testament dokumentierten „Offenbarungsschema" Gottes, nämlich aus dessen zu verschiedenen Zeiten vorgenommenen Bundesschluß mit den Menschen. Demzufolge muß der „Bund" als diejenige Form erkannt werden, in der Gott sich selbst und seinen Willen für Menschen erfahrbar macht und gleichzeitig doch der Verborgene bleibt. Nach alttestamentlichem Verständnis meint der hebräische Terminus „be'rith" allerdings nicht die Übereinkunft gleichberechtigter Partner, was der deutsche Begriff „Bund" nahelegt, sondern die in dem betreffenden, zunächst auf Israel bezogenen Offenbarungsgeschehen zum Ausdruck kommende souveräne Verfügung Gottes, der gegenüber es von seiten der Menschen nur Gehorsam oder Ungehorsam geben kann.

In den einzelnen Bundesschlüssen des Alten Testaments (Noah, Abraham und Sinai) offenbart sich Gott in der konkreten geschichtlichen Dimension als Gott des Volkes Israel, das auf der Grundlage des Gesetzes zu seinem Eigentumsvolk wird (Exodus 19,5). Nach dem Scheitern des Sinaibundes erwartet der Prophet Jeremia einen „neuen Bund" (Jeremia 31,31f). Dieser bezieht sich jedoch, als er in Jesus Christus Wirklichkeit wird, nicht mehr exklusiv auf das Volk Israel, sondern auf alle Menschen: Ethnische, soziale und geographische Grenzen haben im „Neuen Bund" keine Bedeutung mehr (Galater 3,28). In Jesus Christus hat sich Gott abschließend offenbart und die neue Heilsordnung auf der Grundlage des versöhnenden Blutes Christi errichtet. Das auf Jesus zurückgeführte Kelchwort beim Abendmahl unterstreicht dieses sehr deutlich (1 Korinther 11,25). Der „Neue Bund" wird Bestand haben, bis Gott – in Offenbarung 11,19 sieht Johannes den Tempel Gottes im Himmel sich öffnen – „aus der Verborgenheit, die auch der neue Bund nicht aufhob, heraustritt und seiner Gemeinde die Unmittelbarkeit wiederschenkt" (Hans Engelland, Art. „Offenbarung", in: Biblisch-theologisches Handwörterbuch, S. 418).

Wenn die Propheten des „Alten Bundes" bemüht sind, durch ihre je besondere „Offenbarungsrede" den Willen Gottes immer wieder in das Bewußtsein des Volkes Israel zu heben, oder wenn die Apostel des „Neuen Bundes" aufgrund der Gabe des Hl. Geistes das Heilsereignis in Christus verkünden (1 Korinther 2,10), so sind alle diese Kundgaben doch auf das zentrale Offenbarungsgeschehen ausgerichtet und empfangen von dort her Auftrag und Legitimierung.

(2) Verglichen mit den eben geschilderten Konturen biblischer Offenbarung hatten und haben die „neuzeitlichen Offenbarungen" im Mormonismus eine *gänzlich andere Funktion*.

Ausgehend von der Theorie, daß der in Christus geschlossene „neue Bund" durch einen „großen Glaubensabfall“ außer kraft gesetzt war, glaubte sich Joseph Smith zum Werk einer „Wiederherstellung“ berufen, ohne sich allerdings, wie die biblischen Propheten und Apostel, einem als Norm dienenden, heute in der Heiligen Schrift dokumentierten zentralen Offenbarungsgeschehen verpflichtet zu fühlen. Hierin muß die Voraussetzung dafür gesehen werden, daß seine bald beginnenden „neuen Offenbarungen“ eine völlig andere Ausrichtung und Intention erhielten: Sie wurden in seinen Händen zum brauchbarsten Werkzeug, eine Religion „nach seinem Bilde“ zu schaffen, die schließlich als der letztgültige „neue und ewige Bund“ zwischen Gott und den Menschen definiert wurde.

Frei von allen biblisch orientierten, theologisch begründeten und christlich anerkannten Leitlinien begann Smith sein Religionssystem zu entwerfen und zu verwirklichen. Über einen Zeitraum von 14 Jahren fügte er mit Hilfe der „neuen Offenbarungen“ Element an Element, bis er mit der Einführung der Tempelrituale den Höhepunkt und Abschluß erreichte.

Neben dieser Grundfunktion, das „Werk“ voranzutreiben, hatten Smiths „Offenbarungen“ noch die wichtige Aufgabe, Kritik an seiner Person und seinen oft zwielichtigen Aktivitäten abzuwehren, sowie alle notwendigen Entscheidungen in seinem Sinne durchzusetzen. Daran hat sich bis heute nichts geändert, da alle Nachfolger Smiths im „Prophetenamt“ die „neuen Offenbarungen“ in gleicher Weise verstanden und praktiziert haben.

Das „Buch Mormon“: Eine „Heilige Schrift“ wie die Bibel?

Seit seiner ersten Auflage im Jahre 1830 gehört das „Buch Mormon“ zu den umstrittensten religiösen Literaturerzeugnissen der neueren Zeit. Schon 1851 hatte der damalige „Apostel“ Orson Pratt einige der gegensätzlichen Argumente, die bis heute eine Rolle spielen, in einem Faltblatt zusammengefaßt:

„Das Buch Mormon behauptet, ein göttlich inspirierter Bericht zu sein, geschrieben von einer Folge von Propheten, die das alte Amerika bewohnte. Es gibt vor, der gegenwärtigen Generation offenbart zu sein zur Erlösung aller, die es annehmen und zur Niederwerfung und Verdammnis aller, die es ablehnen.

Dieses Buch muß entweder *wahr* oder *falsch* sein. Ist es wahr, so ist es eine der wichtigsten Botschaften, die Gott je den Menschen sandte, und betrifft sowohl die zeitlichen als auch ewigen Interessen aller Völker unter dem Himmel im gleichen Ausmaß und gleichen Rang, die die Botschaft Noahs für die Bewohner der Alten Welt hatte.

Ist es falsch, so ist es die listigste, verruchteste, kühnste und schlauest angelegte Betrügerei, die der Welt jemals angedreht wurde, darauf bedacht, Millionen zu betrügen und zu ruinieren, die es aufrichtig als das Wort Gottes annehmen und die von sich annehmen, daß sie sicher auf dem Fels der Wahrheit gebaut haben.

Das Wesen der Botschaft des Buches Mormon ist derart, daß, wenn wahr, niemand es ablehnen und gerettet werden kann, wenn falsch, niemand gerettet wird, der es annimmt. Darum hat jede Seele auf der ganzen Welt gleiches Interesse, sich über seine Wahrheit oder Falschheit zu vergewissern" (in: A Series of Pamphlets, 2. Serie, Nr. 1. 1).

Die Darstellung der gesamten, mit diesem Buch verbundenen Problematik würde eine eigene, umfangreiche Ausarbeitung erfordern. Deshalb sollen nur ein paar Punkte herausgegriffen werden, die deutlich machen, warum diese ‚amerikanische Bibel' auf den Mormonismus beschränkt bleibt und von den christlichen Kirchen nicht akzeptiert werden kann.

Die „Heiligen der Letzten Tage" bezeichnen das „Buch Mormon" (BM) als einen „weiteren Zeugen für Jesus Christus". Diese Behauptung ruft bei Nicht-Mormonen sofort die grundsätzliche Frage hervor: Warum ist ein solcher „weiterer Zeuge" notwendig? bzw.: Reicht das biblische Zeugnis von Jesus Christus nicht aus?

Kein ernsthaft glaubender Christ hat je bestritten oder in Zweifel gezogen, daß das Neue Testament nicht alles enthält, was zu wissen nötig ist, damit Menschen ‚zum Glauben kommen' und ‚ewiges Leben haben' können. Die wichtigsten neutestamentlichen Schriften sind ja gerade entstanden als ein Zeugnis derjenigen, die Erfahrungen gemacht haben mit dem irdischen Jesus, mit dem Auferstandenen und dem im Geiste bis zu seiner Wiederkunft gegenwärtigen Christus. Die Jünger etwa waren Zeugen des irdischen Geschehens (Lukas 24,48) und erhielten den Auftrag, nach Jesu Himmelfahrt weiterhin als seine Zeugen zu wirken (Apostelgeschichte 1,8). „Wir haben gesehen und bezeugen", heißt es an anderer Stelle ausdrücklich, „daß der Vater den Sohn gesandt hat als den Retter der Welt" (1 Johannes 4,14). Nirgends wird auf spätere ‚heilige Schriften' verwiesen, die das vorliegende Zeugnis noch unterstützen oder ergänzen müßten.

Mormonen sehen das gegenüber der Bibel Weiterführende des BM darin, daß Jesus hier nicht in seinem irdischen Leben und Wirken geschildert wird, sondern als der aus dem Himmel auf die Erde Zurückkehrende. Er ist nicht mehr (wie in den Evangelien zu lesen) der hungrige, durstige und müde Wanderprediger in Palästina, der schließlich am Kreuz endet; er ist vielmehr der jetzt in Amerika erscheinende, glorreiche, erhöhte und unsterbliche Messias der Alten *und* der Neuen Welt.

Nun ist das Phänomen, daß immer wieder ‚neue heilige Schriften' auftauchen, seit Anfang an auch im christlichen Umfeld zu beobachten. Schon zu neutestamentlicher Zeit wurden Schriften herumgereicht, die vorgaben, von einem Apostel zu stammen bzw. autorisiert zu sein, deren Inhalt aber von der apostolischen Überlieferung und der Botschaft der Evangelien abwich. Es handelte sich dabei häufig um gnostische Texte, die ‚neue Offenbarungen und neue Erkenntnisse' anboten. Auch in esoterischen Kreisen, die Mysterienkulten nahestanden, wurde eifrig geschrieben, mit dem Ergebnis, daß viele abenteuerliche und frei erfundene Geschichten über Jesus im Umlauf waren.

Die frühen Gemeinden des zweiten Jahrhunderts standen deshalb vor dem Problem, Ordnung in das Chaos bringen zu müssen, d.h. die echten christlichen Schriften von den ,unechten' abzugrenzen. Dieser Prozeß der sog. „Kanonisierung' (griechisch: Kanon = Maßstab) dessen, was als Maßstab christlicher Lehre zu gelten habe und was nicht, war um die Mitte des dritten Jahrhunderts abgeschlossen. Als Kriterien der Kanonisierung galten zum einen die ,Apostolizität', womit nicht unbedingt die Urheberschaft eines Apostels gemeint war, sondern die ursprüngliche Christusverkündigung, und zum anderen die ,Ökumenizität', d.h. die Anerkennung durch die verschiedenen kirchlichen und theologischen Traditionen. Einige der ausgegrenzten Schriften (die ,Apokryphen') galten dann als eine Art Erbauungsliteratur.

Gegenwärtig sind wiederum „neue heilige Schriften", „neue Apokryphen" und „neue Evangelien" auf dem Markt, die einen ganz anderen als den biblischen Jesus darbieten wollen. Dazu gehören etwa:

„Das Wassermann-Evangelium" des Levi H. Dowling von 1911, das die Reise Jesu nach Indien, Tibet und Persien sowie die Belehrungen der dortigen Völker beschreibt –

„Das Evangelium des vollkommenen Lebens" von Gideon Ouseley, erschienen 1901, mit Jesu Lehren über Vegetarismus und Reinkarnation –

„Das Friedensevangelium der Essener", veröffentlicht 1937 von Edmond B. Székely, das Jesus als Vertreter natur-gesetzmäßiger, Heil und Erlösung bringender Lebensweise zeigt, u.a.

Alle diese „heiligen Schriften" sind, ganz ähnlich wie das BM, unter höchst merkwürdigen und phantastischen Umständen entdeckt worden bzw. entstanden, wie ihre Autoren behaupten. Dieser Kategorie der Phantasie-Literatur ist auch das „Buch Mormon" zuzurechnen. Im Gegensatz zur Bibel, deren historische, geographische und kulturelle Berichte entweder durch außerbiblische Dokumente oder archäologische Forschungsergebnisse bestätigt wurden, läßt sich nichts dergleichen vom „Buch Mormon" sagen. Es gibt keinen einzigen Beweis für irgendeine der darin enthaltenen Behauptungen. Das gilt besonders für Smiths Grundthese, auf der das Buch aufgebaut ist, daß die amerikanischen Indianer die Nachfahren eingewanderter Israeliten seien. Seriöse Wissenschaftler gehen davon aus, daß die Indianer mongolischen Ursprungs sind; ihre Vorfahren kamen vor etwa 25.000 Jahren aus Zentralasien über die Beringstraße auf den nordamerikanischen Kontinent.

Hier noch ein paar Beispiele von den zahlreichen Ungereimtheiten, Irrtümern und Absurditäten, die sich im „Buch Mormon" finden.

(1) Da ist zunächst die Tatsache, daß J. Smith große Teile aus der ‚King James Version' (engl. Standardübersetzung der Bibel) abgeschrieben hat. In ihrem Buch „Mormonism – Shadow or Reality?" haben Jerald und Sandra Tanner über 400 Parallelen allein aus dem Neuen Testament aufgelistet (ebd., S. 74–79). In Moroni 7, 45–47 etwa finden sich wortwörtlich einige Verse aus dem 1. Korintherbrief, Kapitel 13. Die Erklärung des Mormonen Sidney Sperry:

> „Ich glaube nicht, daß Paulus der ursprüngliche Verfasser des Textes ist. Die ursprüngliche Quelle war der Erlöser selbst. Paulus hatte Zugang zu dessen Worten und gebrauchte sie, als er an die Korinther schrieb, ohne deswegen eines Plagiats gescholten zu werden. Als unser Herr nach Amerika kam, auferstanden und verherrlicht, hielt er die gleiche Predigt über Glaube, Hoffnung und Liebe. Mormon hatte ebenfalls Zugang zu der Predigt wie seinerzeit Paulus; aber er wußte nicht, daß Paulus schon früher auf einem anderen Kontinent von der Predigt Gebrauch gemacht hatte" (in: Book of Mormon Institute, Dez. 1959; und: Extension Publications BYU 1964, S. 8).

In 3. Nephi 9, 18 sagt Christus zu den Nephiten: „Ich bin Alpha und Omega, der Anfang und das Ende", ein Vers, der aus Offenbarung 21,6 stammt. Wo hatten die Nephiten, die angeblich 600 v. Chr. Jerusalem Richtung Amerika verlassen hatten, eigentlich die Gelegenheit, Griechisch zu lernen, um dann zu verstehen, daß es sich bei „Alpha" und „Omega" um griechische Buchstaben handelte? Joseph Smith in einem Brief vom 15. Mai 1843:

„Auf den Platten, die ich durch Gottes Gnade übersetzte, befand sich kein griechisches oder lateinisches Wort" (in: Times and Seasons, Vol. 4, S. 194).

(2) Smith ging mit christlichen Begriffen und Vorgängen, was die zeitliche Einordnung betrifft, bei der Gestaltung seines Buches sehr unbekümmert und wahllos um. Danach gab es schon im Jahr 73 v. Chr. Jünger Jesu, die sich „Christen" nannten:

„Und die zur Kirche gehörten, waren treu; alle wahrhaft Gläubigen in Christo nahmen freudig den Namen Christi oder den Namen Christen auf sich, wie sie wegen Ihres Glaubens an Christus, der da kommen sollte, genannt wurden" (Alma 46,15).

Und noch früher, um das Jahr 147 v. Chr., sollen Menschen „getauft und von der Gnade Gottes erfüllt" worden sein. Die Getauften nannte man „Kirche Gottes oder Kirche Christi" (Mosia 16,16f).

(3) Zu den Kuriositäten gehören auch folgende: Das Schiff, das Lehi und seine Familie in die Neue Welt brachte, wurde mit Hilfe eines Kompaß gesteuert (Mosia 1, 16), obwohl solche Geräte erst viele Jahrhunderte später erfunden wurde. In Alma 20,6 (90 v. Chr.) ist von Pferden die Rede, die erst mit den spanischen Eroberern kamen. Von „Labans Schwert" wird berichtet (1. Nephi 4,9), das aus „höchst kostbarem Stahl" geschmiedet war; es ist die Zeit um 592 v. Chr.:

„Und es begab sich: Nachdem Koriantumr sich auf sein Schwert gelehnt hatte, um sich ein wenig auszuruhen, schlug er Schiz den Kopf ab. Nachdem er Schiz den Kopf abgeschlagen hatte, hob sich Schiz auf die Hände und fiel; nachdem er um Atem gerungen hatte, starb er" (Ether 15,30f).

Wie jemand, der keinen Kopf mehr hat, um Atem ringen kann, bleibt wohl Joseph Smiths Geheimnis.

Ist das „Buch Mormon" eine „Heilige Schrift" wie die Bibel? Die beiden Mormonen-Autoren Franklin D. Richards und James A. Little wagen in ihrer Abhandlung „Evangeliumslehre" diese Behauptung:

„Als Ganzes genommen muß das Buch Mormon entweder wahr oder falsch sein. Ist es falsch, so ist es die Bibel gleichermaßen, denn es gibt zwischen beiden keinen Widerspruch" (The Compendium, S. 99).

Das mormonische Priestertum

Viele religiöse Sekten erheben den exklusiven Anspruch, die ‚Wahrheit' zu besitzen und gestehen ihren Amtsträgern als den ‚Hütern' dieser ‚Wahrheit' besondere Vollmachten zu. Bei keiner dieser Gemeinschaften hat sich jedoch ein so perfektioniertes Amtsverständnis ausgeformt wie bei den Mormonen. James Talmage (1862–1933), einer ihrer ‚Dogmatiker', meinte:

> „Dieses Volk der Letzten Tage behauptet, das Priestertum des Allmächtigen zu besitzen, d. h. die Vollmacht, im Namen Gottes zu amtieren, welche Vollmacht sowohl im Himmel als auch auf Erden Anerkennung fordert" (Die Glaubensartikel, S. 2).

Trotz dieser und ähnlicher, sehr selbstsicher wirkender Aussagen können die Mormonen für ihre Theorie von einem „wiederhergestellten Priestertum", einschließlich deren Umsetzung in die Praxis dennoch keine biblische Basis oder Ableitung beanspruchen.

Nirgends wird in den entsprechenden Schriften der Bibel davon gesprochen, daß es ein (im mormonischen Sinne) „ewiges Priestertum" gäbe (Mormonen zitieren hier 2 Mose/Exodus 40,15 und 4 Mose/Numeri 25,13), als dessen erster Träger Adam zu gelten habe. Desgleichen findet sich auch nicht der geringste Hinweis darauf, daß später Johannes der Täufer, Jesus oder die Apostel Mitglieder einer wie auch immer gearteten Priesterorganisation gewesen wären.

Im Alten und im Neuen Testament ist jeweils von zwei Arten des Priestertums die Rede: vom ‚aaronischen' und ‚melchizedekischen' im Alten, vom Priestertum Jesu Christi und demjenigen aller Gläubigen im Neuen Testament.

In 2 Mose/Exodus 19,5–6 wird die Verheißung Gottes ausgedrückt, daß aufgrund des Bundesschlusses für ihn das Volk Israel ein „Königreich von Priestern und ein heiliges Volk" werden solle. Um auf seiten des Volkes die Heiligkeit des Bundes zu bewahren, bedurfte es wohl eines besonderen Priesterstandes, der mit diesbezüglichen Aufgaben betraut war. Das Alte Testament bietet jedoch keine konkreten Anhaltspunkte, wann historisch genau dieses besondere Priestertum in Israel eingeführt wurde. Der Bericht von der Einsetzung Aarons und seiner vier Söhne zu Priestern (2 Mose/Exodus 28,1) scheint eine spätere Zusammenfassung verschiedener Entwicklungslinien zu sein, denn 2 Mose/Exodus 19,22f setzt schon ein israelitisches Priestertum voraus (vgl. E. Osterloh, Art. „Priestertum", in: Biblisch-theologisches Handwörterbuch, S. 459).

In 4 Mose/Numeri 3 und 4 wird die Zuordnung des levitischen zum aaronischen Priesterdienst beschrieben, aus der hervorgeht, daß den Leviten die einfachen Verrichtungen übertragen waren, Aaron und seinen Nachkommen dagegen der Opfer- und Sühnedienst (vgl. auch 2 Mose/Exodus 16,5–34). Dem ‚aaronischen Priestertum' oblag es also, durch Tier- und Blutopfer zunächst sich selbst und dann das ganze Volk von Schuld und Sühne zu befreien und so den Bund mit Jahwe heilig zu halten. Gemäß 4 Mose/Numeri 4,19f hatten die Leviten keinen Zugang zum Altardienst.

Nach dem Exil wurde das gesamte Priestertum neu organisiert, wobei die einzelnen Abstammungslinien genau beachtet wurden. Für die inzwischen existierenden Oberpriester galt die zadokische, für die einfachen Priester die aaronische und für die Tempeldiener die levitische Geschlechtslinie (1 Chronik). Diese Neuordnung hatte auch zur Zeit Jesu noch ihre Gültigkeit, wie die Erzählung von dem aaronischen Priester Zacharias aus der „Dienstabteilung des Abia" (1 Chronik 24,10) in Lukas 1,5 zeigt. An keiner Stelle wird jedoch erwähnt, daß von ihm auch dessen Sohn Johannes (der spätere Täufer) zum ‚aaronischen Priestertum' geweiht worden wäre, oder daß dieser irgendwelche priesterlichen Funktionen ausgeübt hätte. Demnach konnte er ein solches „Priestertum" auch nicht auf Joseph Smith oder Oliver Cowdery „übertragen" haben. Dazu kommt die nicht lösbare Problematik, daß das ‚aaronische Priestertum' an die direkten Nachkommen Aarons gebunden war, weitergegeben vom Vater auf den Sohn, was auch Joseph Smith zugeben mußte (D & C 68,16 und 18). Die von ihm dennoch behauptete Verbindungslinie zum nichtjüdischen Mormonentum beruht demnach auf einer Fiktion.

Das andere, an zwei Stellen erwähnte Priestertum ist mit dem Namen ‚Melchizedek' verknüpft; allerdings ist nirgends von ihm als einer erkennbaren Institution die Rede. In 1 Mose/Genesis 14,18f geht es um das sakrale Königtum eines heidnisch-kananäischen Stadtkönigs von Jerusalem namens Melchizedek. Er bewirtet den aus einem Kampf zurückkehrenden Abraham mit Brot und Wein und erteilt ihm den Segen des „höchsten Gottes", was Abraham ihm mit der Abgabe eines Teiles seiner Kriegsbeute dankt. Daß Melchizedek Abraham darüber hinaus zum Priester geweiht, also ein „melchizedekisches Priestertum" übertragen hätte, wird nicht berichtet und geht auch aus dem gesamten Kontext nicht hervor.

Bei der zweiten Stelle, in Psalm 110, geht es wohl um ein Inthronisationsritual, das den König von Jerusalem (David und seine Nachfolger) zur Rechten Gottes sitzen läßt. Außer seiner Königswürde ist ihm auch das Amt eines Priesters übertragen, und zwar ‚für immer': „Du bist in Ewigkeit Priester nach Melchizedeks Art" (Psalm 110,4). Hier wird vom prophetischen Sänger des Psalms also an den urbildlichen Traditionsträger des priesterköniglichen Amtes angeknüpft. Der Alttestamentler H.-J. Kraus meint dazu:

„Es ist falsch, ein übergeschichtliches, christologisch geprägtes Messiasbild an die alttestamentlichen Texte heranzutragen. ... Psalm 110 bezieht sich auf den ‚regierenden' bzw. inthronisierten König" (H.-J. Kraus, Psalmen, 2. Teilband, S. 769).

Der in besonderer Auseinandersetzung mit den geprägten Formen jüdischen Denkens stehende Hebräerbrief hat nun das alttestamentliche ‚Melchizedek'-Motiv noch einmal aufgenommen, um den Gegensatz zwischen der jüdischen Priester- und Kulttradition und dem wahren Priestertum Jesu Christi hervorzuheben: „Wir haben einen Hohenpriester: Jesus Christus, den Sohn Gottes, der die Himmel durchschritten hat" (4,14); er – und nur er! – „ist von Gott genannt ein Hoherpriester nach der Ordnung Melchizedeks" (5,10). Er ist betraut mit einem „ewigen und unvergänglichen Priestertum" (7,24) und hat „eine Erlösung erlangt", nicht durch das Blut von Tieropfern, sondern durch sein eigenes.

Wenn das wahre priesterliche Wirken Jesu den Zugang zum ‚Allerheiligsten', d.h. zu Gott eröffnet hat, dann ist die Gemeinde der Gläubigen eingeladen, ihm auf diesem Wege zu folgen. Die Verheißung von 2 Mose/Exodus 19,6 hat sich unter anderen Vorzeichen erneut erfüllt: Die ganze Gemeinde ist ein „Volk von Priestern" geworden (1 Petrus 2,5 und 2,9; Offenbarung 1,6 und 5,10).

Auf dem Hintergrund des neutestamentlichen Zeugnisses hat das „wiederhergestellte Priestertum" des Mormonismus mit seinem exklusiven Anspruch auf „Heilsvermittlung" keinerlei theologische Legitimation.

Ist Gott nur ein „erhöhter Mensch"?

Zu den merkwürdigsten Ideen des Mormonismus gehört die Lehre von Gott, der einen fühlbaren Körper mit Gliedmaßen hat, von menschlichen Regungen bestimmt wird und vor Zeiten ein einfacher Mensch war.

Bruce McConkie auf der 154. Herbstkonferenz in Salt Lake City im Oktober 1984:

> „Es bringt keine Errettung, wenn man Götzen anbetet – eine Kuh, ein Krokodil, einen Zedernstamm; selbst ein geistiges Wesen ohne Körper, Gliedmaßen und Regungen, das

die Unendlichkeit des Raumes erfüllt, kann einem nicht helfen ...: Ein wahrer Gläubiger betet das heilige Wesen an, das ‚den Himmel und die Erde erschaffen hat'. Er ist der Vater der Geister, und wir haben vor der Grundlegung der Erde bei ihm gelebt. Er ist unser Vater im Himmel. ... Er ist ein heiliger Mensch, ein Gott mit einem Körper aus Fleisch und Gebein, ... ein verherrlichtes und erhöhtes Wesen ..." (zit. in: Der Stern, März 1985, S. 68).

Auch Stephen Robinson greift dieses Thema in seinem Buch auf und bekennt:

„Es ist unbestritten, daß die Heiligen der Letzten Tage daran glauben, daß Gott einmal ein menschliches Wesen war und daß menschliche Wesen Götter werden können" (aaO., S. 110).

Er wehrt sich aber dagegen, daß solche Vorstellungen heidnisch seien, denn in frühchristlicher Zeit hätten auch Irenäus, Klemens von Alexandrien und Athanasius solche Ideen geäußert. Wenn man dieses den „Heiligen der ersten Tage" zugestehe und sie als Christen bezeichne, dann dürfe man die „Heiligen der Letzten Tage" dafür nicht kritisieren (ebd., S. 110).

Robinson hat bei seiner Forderung allerdings einen wesentlichen Unterschied übersehen. Jeder Christ, einschließlich der Kirchenväter, hatte und hat die Freiheit, seine Meinung vorzutragen und biblische Texte in seinem Sinne zu interpretieren. Die betreffenden Ansichten von irgendeiner ‚Gottwerdung' des Menschen (eventuell im mormonischen Sinne), sind jedoch zu keiner Zeit allgemein anerkannte christliche Lehre gewesen. Im Mormonismus gilt das Gegenteil: Es handelt sich bei den Aussagen zum genannten Thema nicht um die Privatmeinung einzelner, sondern um die Lehre der „Kirche".

Für die „Körperlichkeit" Gottes führt Robinson als ‚Beweis' die „Fühlbarkeit" des Auferstandenen (Lukas 24,29) an und präsentiert folgende „gar nicht so komplizierte Logik":

„Jesus ist Gott, Jesus hat einen Körper aus Fleisch und Knochen, daher besitzt Gott in Gestalt des auferstandenen Sohnes einen Körper aus Fleisch und Knochen. Da sowohl Mormonen als auch andere Christen die Lehre von

> der Fleischwerdung und körperlichen Auferstehung des Sohnes anerkennen, muß Gott in Gestalt des Sohnes im Besitz eines fühlbaren Körpers sein" (ebd., S. 141).

Die Johannesstelle 4,24 – „Gott ist Geist, und alle, die ihn anbeten, müssen im Geist und in der Wahrheit anbeten" – versteht Robinson so, daß „Gott nicht ausschließlich Geist" sei, sondern nur dann, wenn er sich durch den „Heiligen Geist" offenbare. „Gott ist Geist, aber er ist auch Materie." Der Gegensatz zwischen Geist und Körper wäre, so behauptet Robinson, dem Judentum und auch dem frühen Christentum ganz fremd gewesen. Erst durch das griechisch-hellenistische Denken sei Gott zu einem „geistig-abstrakten, transzendenten und höchsten Wesen" geworden. Das sei aber nicht die Meinung der Bibel. Die spreche von Gott auf eine ganz konkrete, anthropomorphe (menschengestaltige) Weise. Die Mormonen würden sich mit ihrer Gottesvorstellung also ganz „naiv" an die Bibel halten, während heutige Theologen den „geistigen Gott" der griechischen Philosophen lehrten. Allerdings würden viele Christen den Theologen darin nicht folgen.

> „Das gefühlsmäßige Gottesverständnis der meisten heutigen Christen hinsichtlich Gottes Gestalt und seiner Empfindungsfähigkeit bleibt auch weiterhin anthropomorph. Das Gottesverständnis der meisten Christen ist der Lehre der Heiligen der Letzten Tage viel ähnlicher als der der philosophischen Konzilstheologie und beinhaltet einen wirklichen Vater, der im Himmel lebt und uns wirklich liebt. Wenn der biblische Anthropomorphismus und die Gott zugeschriebenen Eigenschaften lediglich allegorisch [sinnbildlich] verstanden werden dürfen und man sie ablehnen muß, um zu einem richtigen Gottesverständnis zu gelangen, sollte doch irgendein Hinweis darauf in der Bibel zu finden sein" (ebd., S. 138–148).

Es gibt wahrscheinlich keine Religion, zu deren Bestand nicht konkrete Vorstellungen von ‚Gottheiten' oder ‚Göttern' gehören, die um so phantasievoller geraten, je handgreiflicher die Götter sind (z.B. im Hinduismus oder in den afro-brasilianischen Kulten). Aber auch Menschen der jüdisch-christlichen Tradition stehen immer in der Versuchung, sich (entgegen 2 Mose/Exodus 20,4) „ein Bildnis" von Gott zu machen, um ihn dadurch besser zu ‚begreifen'. Dieser Wunsch nach Anschaulichkeit ist verständlich, denn unser menschliches Denken kann sich nur in den Kategorien von Zeit, Raum und Materie entfalten und stößt schnell an Grenzen, wenn es ‚darüber hinaus' geht.

Vor der Schwierigkeit, Aussagen über etwas Unvorstellbares und Undenkbares – über Gott – zu machen, standen auch die Verfasser der biblischen Schriften. Sie versuchten es je auf ihre Weise; und so haben wir es mit einem gewaltigen Spannungsbogen zu tun: Er reicht von 1 Mose/Gensis 3,8 („Und Gott der Herr wandelte in der Abendkühle im Garten") über 2 Mose/Exodus 33,20 („Dann sprach Gott: Du kannst mein Angesicht nicht schauen, denn kein Mensch bleibt am Leben, der mich schaut") bis zu Johannes 4,24 („Gott ist Geist"). Daneben wird vielfach anthropomorph von Gott geredet, von seinem „Sitzen auf dem Thron", von seinen „Händen", „Ohren" oder „Augen", und davon, daß er „gütig", „zornig" oder „eifersüchtig" sei.

Die biblischen Autoren waren sich jedoch durchaus bewußt, daß sie damit keinen ‚wirklichen Menschen' beschrieben, auch kein Wesen, das sich von einem Menschen zur Gottheit entwickelt hätte. Sie wollten Gott vielmehr als den verkünden, der zwar der Verborgene, der Ewige, der jenseits aller menschlichen Vorstellung Unerreichbare ist, der sich aber dennoch den Menschen zuwendet wie eine Mutter ihrem Kind, und der wie ein Vater Respekt und die Beachtung seiner Gebote verlangt. Das alles versuchten sie mit *ihren* Worten und *ihren* Bildern auszudrücken. Mit dem „erhöhten Menschen-Gott" des Mormonismus hat dieser Gott der Bibel jedoch überhaupt nichts zu tun.

Die Tempelrituale: „Secret" oder „Sacred"?

Die Mormonen möchten ihre Tempel-Zeremonien nicht als „geheim" (secret), sondern als „heilig" (sacred) verstanden wissen. Dabei handelt es sich allerdings nur um ein Wortspiel, das an der Tatsache nichts ändert, daß hier ein Geheimkult praktiziert wird.

Die im Mai 1842 vorgenommene Einweihung einer kleinen Schar von Freunden und Vertrauten Joseph Smiths in die Tempelrituale und das in der Folgezeit auf die Mitglieder einer kleinen Gruppe begrenzte ‚geheime Wissen' um die Mysterien des Mormonismus sind deutlicher Hinweis auf die von Anfang an geübte Praxis, nicht nur Außenstehende, sondern sogar die eigenen Glaubensgenossen, die noch ohne Tempelerfahrung waren, durch eine Mauer des Schweigens von den ‚Geheimnissen' fernzuhalten. Daran hat sich bis heute nichts geändert.

Die Frau des „Bischofs" Newel K. Whitney, Elizabeth Ann, die ihr eigenes Endowment am 8. Oktober 1843 erhalten hatte, erinnerte sich 35 Jahre später an eine Bemerkung Joseph Smiths, daß dieser von dem „Engel", der ihm die Riten „offenbart" hatte, gleichzeitig angewiesen worden war,

> „diese nur solchen Personen zu enthüllen, die auch wirklich rein, wahrhaftig und würdig wären, um die göttlichen Botschaften zu empfangen. Sie nach außen zu verbreiten hieße nur, Perlen vor die Säue zu werfen; die größte Geheimhaltung müßte gewährleistet sein" (A Leaf from an Autobiographie, in: The Women's Exponent Nr. 7, 15. Dez. 1878, S. 105).

In seiner 1880 im „Juvenile Instructor" veröffentlichten Artikelserie mit der Überschrift „Temples" beklagt sich ein Daniel Tyler in einem der Abschnitte darüber, daß die „Feinde" den „Heiligen der Letzten Tage" vorwerfen würden, Tempel zu bauen und darin „geheime Verordnungen" zu vollziehen, was ihn zu der Antwort veranlaßte:

> „Die Freimaurer, Odd Fellows und andere haben ihre Geheimlogen, die Methodisten ihre geheimen class meetings und die Katholiken ihre geheimen Beichten, und alles scheint in Ordnung zu sein; aber die ‚Mormonen' sollen ihre Perlen vor die Säue einer bösen Welt werfen .." (in: Juvenile Instructor 1880, S. 231).

Wie aus den bisherigen Zitaten eindeutig hervorgeht, wurde in jener frühen Zeit im wesentlichen auf das „Geheime" (secret) der Rituale abgehoben, was logischerweise die Gefahr in sich barg, daß dem Mormonismus von außen her das Image eines Geheimkultes bzw. einer Geheimsekte beigelegt werden konnte. So wird nun seit den 20er Jahren dieses Jahrhunderts in verstärktem Maße versucht, möglichen Vorwürfen dieser Art entgegenzutreten und immer wieder betont, daß die Tempelrituale nicht „secret", sondern „sacred" seien.

Sie seien deshalb „heilig", so wird heute gesagt, weil sie im „Tempel Gottes" vollzogen würden, also an einem „heiligen Ort". Dieser dürfe nicht entweiht werden, da sich Gott sonst von ihm zurückziehe. Eine Entweihung aber könne leicht geschehen, wenn man die Tempel für „Ungläubige" öffnete.

Trotz der Versuche führender Mormonen, ihre Rituale als „sacred" und nicht als „secret" zu qualifizieren, drängen Wesen und Ausrichtung des gesamten Tempelkultes in Verbindung mit der strengen Arkandisziplin (= Pflicht zur Geheimhaltung) doch dazu, die betreffende Gruppe der eingeweihten „Heiligen" mit einer Geheimgesellschaft zu vergleichen, obwohl hier (abweichend von der Definition) die Versammlungsorte (Tempel), die Teilnehmer und die Zielangaben nicht geheimgehalten werden. Das Merkwürdige und wenig Überzeugende der mormonischen Grund-Argumentation liegt darin, sich einerseits von den übrigen geheimen Organisationen unter Hinweis auf die für jene typischen Eidesleistungen, Verschwiegenheitsverpflichtungen und Strafandrohungen unterscheiden zu wollen, sich andererseits aber genau dieser Elemente in den eigenen Ritualen zu bedienen, um ihnen Effektivität zu verleihen.

Die mormonische ‚Arkandisziplin' fungiert nun nicht nur als äußerer Schutzwall gegen Enthüllungen, sondern auch als ein wirksames Instrument zur psychischen Manipulation und Kontrolle der Tempelmormonen. Die *psychische Manipulation* liegt eindeutig darin, daß jedem Mormonen einerseits die absolut heilsnotwendige Teilnahme an den Ritualen vor Augen gestellt wird, ihm aber andererseits keine Möglichkeit gegeben wird, sich auch in diesem Zusammenhang als vernünftig denkender Mensch zu erweisen. Nach dem Betreten des Tempels und der seelischen Einstimmung durch die vorbereitenden Handlungen ist der psychische Druck (aber auch die Erwartenshaltung) so groß, daß es nur noch den Weg nach vorne geben kann. Ehemalige Tempelarbeiter haben berichtet, daß es bisher noch kein Patron gewagt habe, den Tempel zu Beginn des Endowment wieder zu verlassen.

Nach dem Durchlaufen der Rituale beginnt dann mit Hilfe der ‚Arkandisziplin' die *psychische Kontrolle*: Mit keinem Menschen, nicht einmal mit den nächsten Angehörigen, darf die Erfahrung des Tempels diskutiert werden, will man sich nicht dem Vorwurf des Verrats und des Eidbruchs aussetzen.

Wenn die Mormonen ihre ‚Arkandisziplin' mit dem Hinweis auf die angebliche „Heiligkeit" der Tempelrituale zu begründen versuchen, so haben sie dafür keinen Rückhalt in den biblischen Dokumenten. Das Neue Testament bietet keinen Hinweis darauf, daß von Christen irgendeine Art von Geheimhaltung gefordert sei, weder in bezug auf die Lehre (oder „Belehrungen") noch auf die Glaubenspraxis. Im Gegenteil! Das Johannesevangelium überliefert die Antwort Jesu auf eine entsprechende Frage des vormaligen Hohenpriesters Hannas: „Der Hohepriester nun fragte Jesus über seine Jünger und über seine Lehre. Jesus antwortete ihm: Ich habe frei heraus zur Welt geredet. Ich habe allezeit in der Synagoge und im Tempel gelehrt, wo alle Juden zusammenkommen und im geheimen habe ich nichts geredet" (18,19f).

Die hier angesprochene Offenheit und Öffentlichkeit der Verkündigung Jesu galt in gleicher Weise auch für sein Tun. Nirgends wird berichtet, daß er seine Jünger im Verborgenen mit irgendwelchen Ritualen vertraut gemacht hätte, die dann unter Androhung fürchterlicher Strafen geheimzuhalten gewesen wären.

Die zeitlich begrenzte und nur aus der kirchengeschichtlichen Situation heraus verständlichen Arkandisziplin der frühen Christen kann von den Mormonen ebenfalls nicht als Vorbild herangezogen werden (was in Wirklichkeit auch nicht geschieht), da sich deren Pflicht zur Geheimhaltung nur auf die Sakramente von Taufe und Abendmahl bezog, die ihrerseits wiederum in der „Kirche Jesu Christi der Heiligen der Letzten Tage“ nie zu den geheimzuhaltenden ‚Mysterien‘ gehörten.

Da der gesamte mormonische Tempelkult keine Basis im biblischen Zeugnis findet, muß auch die damit verbundene Geheimhaltungspflicht als nichtchristliches Element des Mormonismus beurteilt werden. eine Diskussion über „sacred“ oder „secret“ wird somit überflüssig.

Vierter Teil
Abschließende Bemerkungen

Es ist in diesem Buch um die Frage gegangen, wie der Mormonismus einzuschätzen sei: „Christliche Kirche oder Geheimreligion"? Aufgrund der Ausführungen in den einzelnen Kapiteln und Abschnitten läßt sich folgende Antwort geben:

Der Mormonismus ist eine in Amerika entstandene, nicht-christliche Mischreligion, zu deren Kernstück ein in Tempeln vollzogener geheimer Kult gehört.

Im Bewußtsein einer breiteren Öffentlichkeit werden die „Heiligen der Letzten Tage" allerdings immer noch – zusammen mit den Zeugen Jehovas, Neuapostolischen und Mitgliedern anderer, ähnlich ausgerichteter Gemeinschaften – dem Bereich der sogenannten ‚klassischen christlichen Sekten' zugerechnet. In allen größeren konfessions- und sektenkundlichen Standardwerken wird der Mormonismus bisher ebenfalls unter dieser Rubrik erfaßt, woraus zu schließen ist, daß seinen Anhängern eine gewisse Nähe zum traditionellen Christentum zugestanden werden soll. Das Lexikon „Volksbrockhaus" bezeichnet sie sogar als Mitglieder einer „Freikirche".

Die Mormonen selbst lehnen das alles ab; sie wollen sich weder als „Sekte" noch als „Sondergemeinschaft", weder als „Freikirche" noch als „Kult" verstanden wissen, sondern als die „einzig wahre christliche Kirche auf Erden". Dieser Selbsteinschätzung ist in der vorliegenden Darstellung aus biblisch-christlicher Sicht energisch widersprochen worden.

Das Grundmuster des Mormonismus, das seine zentralen Lehren und Vorstellungen geprägt hat, trägt eindeutig patriotisch-amerikanische Züge. Nährboden für diese in Amerika entstandene und im wesentlichen auch dort verbreitete neue Religion war wohl die unterschwellige Sehnsucht vieler Amerikaner, besonders derjenigen des vorigen Jahrhunderts, ihr als gesichts- und geschichtslos empfundener Kontinent möge einen eigenen Platz, vielleicht sogar eine im Religiösen führende Rolle in der Völkergemeinschaft einnehmen. Aus solchem Wunschdenken heraus ist von den mormonischen Pionieren ein System entwickelt und im Laufe der Zeit an Millionen Menschen, auch außerhalb Amerikas, weitergegeben worden, das diesen Kontinent betont in den Mittelpunkt einer ‚göttlichen Heilsgeschichte' rückt.

Außer diesem geographischen Aspekt lassen sich als Bestandteile der mormonischen Mischreligion noch Elemente mit folgenden Eigenschaften erkennen:

neuoffenbarerisch: eigene, auf ‚neuen Offenbarungen' beruhende ‚heilige Schriften'; eigene „Propheten und Offenbarer" –

altjüdisch: Tempel und Tempelkult; „Aaronisches-" und „Melchizedekisches Priestertum", Zion-Symbolik; Abgabe des Zehnten –

gnostisch: Lehre von der Präexistenz des Menschen als Geistfunken; dessen Wanderung durch die Materie, Entwicklung und Rückkehr in das Lichterreich –

Science-fiction/Fantasy: Menschen werden zu Göttern auf verschiedenen Planeten; „Gott" residiert auf dem Planeten „Kolob"; Götter kamen von anderen Welten, um diese Erde zu „organisieren" –

esoterisch: geheime Belehrungen im Tempel; ‚heilsgeschichtliche' Bedeutung von Ehe und Familie; geheime Rituale der „Totentaufe" und der „Siegelungen" –

freimaurerisch: Erkennungszeichen des Priestertums; Symbole auf der Tempelkleidung und an den Tempelgebäuden; Schurze; Logenräume –

okkult-magisch: Tempelgewand/Garment als Amulett gegen „böse Mächte".

Joseph Smith scheint wie ein trockener Schwamm alles aufgesaugt zu haben, was ihm zum Ausbau seines neuen Glaubenssystems interessant und nützlich erschien.

Da sich die Mormonen als „wahre Kirche" verstehen, benutzen sie natürlich auch die aus der Bibel bzw. dem christlichen Glauben stammenden Begriffe: Gott, Jesus Christus, Mensch, Schöpfung, Sündenfall, Prophetie, Heil, Geschichte, Taufe, Erlösung, Auferstehung, Apostel u. a. Es ist jedoch deutlich geworden, daß jeder dieser Begriffe seines christlichen Verständnisses beraubt und mit mormonischen Inhalten neu gefüllt wurde. Es läßt sich kein einziger ‚theologischer' Begriff aus dem Lehrsystem der „Heiligen der Letzten Tage" anführen, der auch nur annähernd mit dem entsprechenden der christlich-ökumenischen Theologie übereinstimmen würde.

In gleicher Weise gehen die führenden Mormonen auch mit biblischen Texten um. Diese werden, wie die Beispiele gezeigt haben, so lange umgebogen und verzerrt, zerrissen und mißinterpretiert, bis sie schließlich als solchermaßen bearbeitete ‚Steine' die mormonische Lehre zu untermauern scheinen.

Für Christen ist es wohl kaum möglich, eine positive Einstellung zu einem System zu gewinnen, das sich in der öffentlichen Werbung als „christlich" darstellt, in Wirklichkeit aber auf unbiblisch-unchristlichen Elementen und wild wuchernder menschlicher Phantasie basiert.

Oft wird die Frage gestellt, was Menschen eigentlich bewegt, sich dieser merkwürdigen Religion zuzuwenden. Aus vielen Gesprächen mit Konvertiten ergab sich, daß nicht die Lehre oder die Rituale (von denen man ja keine Kenntnis hatte) ausschlaggebend waren. Da die Mormonen-Gemeinschaft in erster Linie durch eine gezielte und äußerst rührige Mission in Erscheinung tritt, war fast immer die Begegnung mit den sympathischen jungen Missionaren und ihrem „Zeugnis" der Anstoß zur späteren Mitgliedschaft. Wenn dann noch andere Dinge hinzukommen, etwa persönliche Enttäuschungen in den traditionellen Kirchen oder das Gefühl großer Einsamkeit, dann können diese Motive für einen Übertritt zum Mormonismus ausreichen.

Optimistische Lebensfreude, eine kleine, überschaubare Gemeinschaft, religiöser Fortschrittsglaube und geheimnisvolle Tempelrituale samt der damit angebotenen ‚Heilsgewißheit' mögen für manche attraktiv sein. Christen glauben jedoch, daß ihr Leben nicht bestimmt sein kann vom Streben nach einem gottgleichen Zustand und nach einer Erlösung, an der sie selbst durch das Erfüllen von „Verordnungen" mitwirken müssen. Für sie gilt vielmehr das Zeugnis der Bibel, das Mut macht, das Leben in der Hoffnung und im Vertrauen auf den zu führen, der sie ohne jegliche Vorbedingung angenommen hat: Jesus Christus.

Brennpunktthema Sekten

Georg Bienemann
Pendel, Tisch und Totenstimmen
Spiritismus und christlicher Glaube im Gespräch
Band 8814

Die Welle des Okkultismus hat auch christliche Kreise erreicht, die im Raum der Kirche dem Geheimnis offenbar nicht mehr begegnen. Das Buch gibt Informationen zu den Phänomenen und zeigt Wege zu christlichen Alternativen.

Herbert Weber / Friederike Valentin
Die Zeugen Jehovas
Zwischen Bewunderung und Befremdung
Band 8817

Wer kennt nicht die stummen Zeugen in den Straßen unserer Städte mit dem „Wachturm" in der Hand, die an den Haustüren Menschen in Glaubensgespräche ziehen? Das Buch erklärt die Glaubensgrundsätze der Zeugen Jehovas und gibt praktische Umgangsratschläge.

Eckhard Türk / Massimo Introvigne
Satanismus
Zwischen Sensation und Wirklichkeit
Band 8821

Zwei Fachleute bringen Licht in die Spekulationen um den Satanskult und dessen internationale Szene und geben Betroffenen Rat, wie sie mit dem Phänomen umgehen können.

H. Gasper / J. Müller / F. Valentin
Lexikon der Sekten, Sondergruppen und Weltanschauungen
Fakten – Hintergründe – Klärungen
Vollständig neubearbeitete und aktualisierte Neuausgabe
Herder Spektrum Band 4271

Die religiöse Landschaft ist deutlich in Bewegung. Dramatische Umbrüche und die zunehmende religiöse Pluralisierung der Gesellschaft fordern unausweichlich zur Auseinandersetzung mit der neuen Religiosität. Diese Forderungen erfüllt das in ökumenischer Zusammenarbeit entstandene Lexikon. Kompetent Fachleute verschiedenster Disziplinen und Kenner der oft schwer zu durchschauenden Szene informieren mit einer Fülle von Fakte über die bekannten Sekten, Sondergruppen und Weltanschauungen, ihre Lehre und Lebenspraxis. Sie erschließen theologische, religions-, human- und sozialwissenschaftliche Hintergründe und ermöglichen so ein angemesseneres Verständn der Phänomene.

HERDER / SPEKTRUM